엄마와 아들의 지구 한 바퀴

엄마와 아들의 지구 한 바퀴

여행에서 배우고 길 위에서 자란 10년의 기록

초 판 1쇄 2025년 09월 26일

지은이 정원희
펴낸이 류종렬

펴낸곳 미다스북스
본부장 임종익
편집장 이다경, 김가영
디자인 윤가희, 임인영
책임진행 안채원, 이예나, 김요섭, 김은진

등록 2001년 3월 21일 제2001-000040호
주소 서울시 마포구 양화로 133 서교타워 711호
전화 02) 322-7802~3
팩스 02) 6007-1845
블로그 http://blog.naver.com/midasbooks
전자주소 midasbooks@hanmail.net
페이스북 https://www.facebook.com/midasbooks425
인스타그램 https://www.instagram.com/midasbooks

ⓒ 정원희, 미다스북스 2025, *Printed in Korea*.

ISBN 979-11-7355-509-1 03370

값 19,000원

※ 파본은 구입하신 서점에서 교환해드립니다.
※ 이 책에 실린 모든 콘텐츠는 미다스북스가 저작권자와의 계약에 따라 발행한 것이므로 인용하시거나 참고하실 경우 반드시 본사의 허락을 받으셔야 합니다.

미다스북스는 다음세대에게 필요한 지혜와 교양을 생각합니다.

여행에서 배우고
길 위에서 자란 10년의 기록

엄마와 아들의
지구 한 바퀴

정원희 지음

미다스북스

들어가는 글

좋은 엄마가 되고 싶었다. 자격증도 실습도 없이 시작된 엄마 생활은 매 순간이 실전이었다. 내가 하는 일도, 엄마 역할도 잘하고 싶었다. 하지만 아이와 지내는 시간이 부족했다. 아이가 필요할 때 언제나 옆에 있는 엄마가 될 수는 없었다. 아이는 학교에서 일하는 친구 엄마를 부러워했다. 학교 앞 문방구에서 엄마가 일했으면 좋겠다고 했다. 엄마와 함께 있고 싶은 마음이었다. 내가 할 수 있는 방법을 생각했다.

정원이가 일곱 살이었을 때 '길 위의 여행학교'라는 여행 커뮤니티로 사업을 시작했다. 엄마가 일하는 곳으로 아이를 초대했다. 엄마를 따라나선 곳이 공항이었고, 여행지였다. 일상에서 바쁜 엄마지만 여행에서는 24시간 함께 있을 수 있었다. 매일 조금씩 말고 한 번에 흠뻑 적셔지도록 시간을 보냈다. 여행하고 돌아오면 엄마와의 시간이 가득 충전되었다. 믿음이 단단해졌다. 한동안 지탱할 수 있는 보조배터리도 장착하고 왔다. 방전되기 전에 다시 떠났다.

그렇게 아들과 지난 10년 동안 남미 대륙을 제외한 전 세계를 서른 번쯤 함께 여행했다. 정원이는 '길 위의 여행학교'의 가장 큰 수혜자이다. 내가 20대부터 보기 시작한 세상을 정원이는 일곱 살이었을 때부터 경험했다. 매일 놀 궁리 하고 짐 싸서 떠나는 일을 했다. 그 덕분에 아들은 기차보다 비행기가 더 익숙하고, 국내보다 해외여행 경험이 더 많다.

내 일정에 맞추어 여행 시기를 정했다. 방학이 아닐 때 가는 경우도 많았다. 여행이 나에게는 일이기도 했다. 여행 가서 함께한 사람들을 챙기느라 아들에게만 집중할 수 없었다. 하지만, 정원이가 볼 수 있는 곳에 언제나 엄마가 있었다. 여행하면서 일어나는 크고 작은 일들이 정리되고 나면 '정원이 엄마'가 되어 함께 시간을 보냈다.

여행은 우리의 인생과도 같다. 아무리 잘 준비해도 예기치 않은 일들이 일어난다. 빠르게 해결하거나 할 수 있는 사람을 찾아 도움을 청한다. 엄마 따라다니던 꼬맹이가 어느 날인가부터 스스로 할 수 있는 일을 찾고 사람들을 돕고 있었다. 엄마가 해야 할 일을 빨리 마치면 정원이만의 엄마로 복귀할 수 있다는 것을 안 것이다.

여행을 통해 성장하는 아들의 모습을 보았다. 자신의 쓰임에 보람을 느끼는 사람이 되어가고 있었다. 먼저 나서서 도와주는 사람이 되었다. 소심하고 걱정 많았던 아이였지만, 이젠 자신이 할 수 있는 역할을 스스로 나서서 했다. 여행하면서 했던 시도들은 결과와 상관없이 아이를 단단하게 만드는 밑거름이 되었다. 교실 밖에서 만난 세상은 배움과 깨달음을 준 큰 학교였다.

코로나로 잠시 멈추었던 기간에도 우리 여행은 계속되었다. 아이는 학교에 가지 않았고 나도 강의하러 갈 곳이 없었다. 사람들 만나는 일은 오로지 온라인을 통해서만 했다. 대부분 시간을 집에서 함께 보냈다. 가족이 함께 지내는 시간에 대한 바람이 있었는데 코로나 덕분에 그런 기회가 왔다. 각자 하고 싶은 일, 해야 할 일을 하며 보냈다. 언제 그런 날들이 끝이 날 줄 아무도 몰랐다. 그런 시간이 주어졌으니 매 순간을 즐기기로 했다.

함께 영화도 보고, 음식도 만들어 먹었다. 마당에서 운동하고 동네 산책도 다녔다. 여행하며 여백 있는 하루를 보낸 경험이 도움 되었다. 여행은 낯선 환경에서 만나는 공백과 여백을 즐기는 방법을 배우고 훈련하는 시간이었다. 꽉 채워진 일정 안에서만 움직이던 사람들은 자유로운 시간이 주어졌을 때 주체하지 못한다.

코로나 시기가 지나고 180명이 함께 싱가포르에서 출발하는 크루즈 여행을 떠났다. 아이의 리더로서의 놀라운 성장을 볼 수 있는 여행이었다. 중학생이 되어 떠나는 첫 번째 여행에서 엄마를 도와 여행을 성공적으로 이끌었다. '여행의 힘'이 작동하고 있다고 생각했다.

아이를 잘 키우고 싶은 엄마에게, 여행을 통해 자란 아들의 이야기를 전하고 싶었다. 행복한 아이를 만든 '여행의 힘'이 무엇이었는지를 마흔 개의 이야기로 정리하였다.

지난 10년간 아이와 나는 교실 밖에서 열심히 배웠다. 낯선 나라의 거리에서 길을 헤매었다. 기차와 비행기를 놓치기도 했다. 식당에서 새로운 음식을 맛보았다. 처음 만나는 사람들의 따뜻함을 경험했다. 여러 언어를 들었다. 이런 환경 속에서 아이는 조금씩 자랐다. 자신의 감정과 생각을 거리낌 없이 표현하게 되었다.

함께 일정을 계획하고 무엇을 할지 정하면서 아이는 자기 주도성을 키웠다. 스스로 선택하고 책임지는 법을 배웠다. 예상치 못한 상황이 닥쳤을 때는 침착하게 상황을 파악하고 방법을 제시하기도 했다. 학교에서 주어진 문제를 푸는 것과는 달랐다. 진짜 삶에서 필요한 문제 해결력이었다.

여행은 세상 보는 '열린 시선'을 선물했다. 다른 문화와 환경, 다른 삶의 방식에 대한 호기심은 곧 공감과 이해로 이어졌다. 다름을 이상하게 여기기보다는 '왜 그럴까?'라는 질문을 던지는 태도를 가지게 되었다. 다양성을 인정하고 어떤 상황에도 유연한 태도로 대할 수 있게 되었다.

여행하며 함께한 시간은 정서적 안정감과 신뢰를 단단하게 했다. 함께 길을 걷고, 밤하늘을 올려다보며 나눈 이야기는 그 어떤 교과서보다 강력한 삶의 수업이었다.

결국 여행은 단순한 '경험'을 너머 아이가 '어떤 사람으로 성장할 것인가'를 결정짓는 귀한 밑거름이 되었다. 미래 사회는 지식 그 자체보다 공감하고 소통하며 문제를 해결하는 능력 가진 사람을 원한다. 여행은 바로 그 능력들을 자연스럽게 키워주는 과정이었다. 아이는 자신만의 속도와 자기만의 방향으로 성장하며, 2025년 현재 대한민국에서 가장 행복한 고등학생으로 살아가고 있다.

아이 키우는 일에는 정답이 없다. 책도 많이 읽고, 교육 강연도 들어보지만, 막상 내 아이에게 적용하려면 늘 마음이 복잡해지곤 한다. 내가 선택한 방법이 맞는지 늘 확인하고 싶다. 나는 여행에서 그 답을 찾고 싶었다. 그래서 함께 떠났다.

나는 아이에게 길을 열어주고 그 길을 같이 걸었다. 내 손을 잡지 않으면 한 걸음도 뗄 수 없던 아이가 이제 나보다 앞서 걸을 수 있게 되었다. 엄마 없이 혼자 할 수 있는 일도, 혼자 갈 수 있는 곳도 많아졌다. 이제 잡았던 손 놓고 혼자 그 길을 걸어가도록 해도 될 것 같다. 그 뒤에서 아이를 따라 걸으며 박수 치고 응원한다.

"정원아, 혼자 가는 그 길이 외롭거나 힘들면 뒤돌아보면 돼. 힘이 들면 잠시 쉬어도 되고 돌아와도 돼. 엄마는 늘 너의 뒤에 있어."

언제나 너를 응원해

차례

들어가는 글　　005

1장
교실에 갇힌 아이들, 질문을 잃어버린 아이들

1	잘 키우고 싶은 한국 엄마, 그래서 떠났다	017
2	성적만 바라본 교육의 한계	023
3	말문 닫힌 아이, 마음의 문까지 닫히기 전에	029
4	사춘기와 갱년기 그 사이의 우리	034
5	지금 아니면 언제 행복하려고?	041
6	바뀐 우선순위, 공부보다 중요한 것	047

2장
세상을 배우는 아이, 미래 인재가 자라는 법

1. 나보다 좀 더 나은 삶은 무엇일까 — 055
2. 너무 빠른 세상, 너무 느린 교실 — 061
3. 대체 불가능한 아이로 키우기 위한 여행 수업 — 067
4. 교실 밖에서 만나는 진짜 세상 — 073
5. 함께 만들어가는 성공과 협업의 가치 — 079
6. 인텔리전스보다 엑스텔리전스, 경험의 힘 — 085
7. 나만의 뗏목을 만들어 떠나는 아이 — 091
8. 실패로 배우는 인생의 지혜 — 096

3장
아이와 함께 떠난 교실 밖 첫 수업

1. 서울로 가는 기차 안에서 — 105
2. 세계지도를 진짜 밟아보기로 — 111
3. 아들과 떠나는 첫 해외여행 — 117
4. 아빠와의 이별은 슬퍼 — 123
5. 여행에도 인생에서도 필요한 여백 — 130
6. 엄마, 사자 보러 가요 — 136
7. 캔 아이 테이크 어 픽처 위드 유? — 143
8. 아침잠과 바꾼 오후의 아크로폴리스 — 149
9. 가족과 함께하는 여행이 좋아 — 155
10. 바다 위에서 배운 삶의 속도 — 160

4장
여행, 독립을 위한 완벽한 리허설

1. 자신의 짐은 스스로 싸기, 작은 책임의 시작   169
2. 결정은 스스로, 실패는 겁 없이   175
3. 자신의 쓰임으로 자존감을 세우다   180
4. 서툴러도 괜찮아, 믿어주면 크는 아이들   186
5. 책임이 따르는 자유를 배우다   192
6. '엄마와의 이별'을 준비하는 여행   198

5장
여행이 키운 아이들의 성장 비밀

1. 실패를 두려워하지 않는 아이   207
2. 낯선 환경에 노출이 필요해   213
3. 자신이 원하는 것을 찾아가는 과정   218
4. 혼자 살 수 없다는 걸 깨닫다   225
5. 1등이 아니어도 괜찮아   230
6. 다행부터 말하는 아이, 먼저 베푸는 마음   237
7. 부정에서도 긍정을 바라보다   243
8. 나는 지금 행복해, 행복을 미루지 않아   249
9. 여행에서 만난 사람들이 전해준 영감   255
10. "한번 해 볼게!" 용기 있는 아이의 말 한마디   262

마치는 글   267

1장

교실에 갇힌 아이들, 질문을 잃어버린 아이들

"성적은 아이의 일부일 뿐, 전부가 아니다.
성적보다 중요한 것은 자기 삶에
스스로 질문할 수 있는 힘이다."

켄 로빈슨

잘 키우고 싶은 한국 엄마, 그래서 떠났다

서른다섯 살에 엄마가 되었다. 박사학위 논문 마지막 심사를 마치고 일주일 후 아이를 낳았다. 임신 기간 내내 논문을 썼다. 입덧할 여유도 없었다. 김밥과 커피믹스로 끼니를 때우며 학교와 집을 오갔다. 태교는 논문 준비로 대신했다. 임신 기간이 어떻게 지나갔는지 기억도 없다.

출산 예정일 일주일 전 충북 영동에 다녀왔다. 대학교수 임용을 위한 최종 면접을 위해서였다. 혹시나 하는 걱정에 입원할 준비를 하고 남편과 함께 움직였다. 다행히 아이는 얌전히 내 안에 있어 주었다. 무사히 면접 마치고 서울로 돌아왔다. 배를 만지며 말했다. '이제 나와도 된다.' 열 달 동안 내 몸에서 자란 아이가 밖으로 나온다는 것이 실감 나지 않았다. 엄마로 살아갈 시간을 생각하니 잠이 오지 않았다. 아이를 만난다는 설렘과 좋은 엄마가 될 수 있을까 하는 걱정이 동시에 들었다.

다음 날 정기 검진을 위해 산부인과에 갔다. 담당 의사는 밤새 아프지 않았냐고 물었다. 괜찮았다. 잠을 설쳐 조금 피곤하기만 했다. 이미 자궁이 8cm나 열려 있다고 했다. 바로 입원 수속 절차를 밟았다. 옷을 갈아입고 분만 대기실로 갔다. 이미 통증이 시작된 산모들의 신음 소리가 들렸다. 안내받은 침대에 누워 눈을 감았다. 간호사가 와서 나를 흔들어 깨웠다.

"산모님 이렇게 자꾸 주무시면 안 돼요. 움직여야 자궁이 더 열리고 태아가 나올 준비를 해요."

바로 아이가 나올 줄 알았다. 하지만 아침 10시에 병원에 와서 저녁 7시까지 아무런 소식이 없었다. 빨리 끝내고 싶었다. 배가 고팠다. 7시가 조금 넘어가면서 통증이 오기 시작했다. 처음에는 생리통 정도로 아프기 시작하다가 점점 심해졌다. 무통 주사를 놔 달라고 했지만 이미 늦었다고 했다. 그렇게 1시간 정도 보낸 것 같다. 배 안에서 무언가 쑥 빠져나오는 듯한 느낌이 들었다.

"축하합니다. 건강한 남자아이입니다."

엄마가 되었다. 생후 3일째 되던 날 저녁, 남편과 나는 아이를 입원실로 데리고 왔다. 하지만, 우리는 1시간도 안 돼서 후회했다. 신생아실 유리 창문 너머로 순하게 자는 아기를 잠시 보는 것과는 다른 현실이 있었다. 아이는 밤새 울었다. 배고파서 울고, 오줌 싸서 울고. 엄마 아빠의 잠

자는 시간을 전혀 신경 쓰지 않았다. 아침이 되자마자 신생아실 간호사에게 아기를 맡겼다. 그날 이후 집으로 가는 날까지 아이는 신생아실에서 편안하게 잘 지냈다.

책 읽고 선배 엄마들의 이야기를 들으며 좋은 엄마가 되기 위한 이론편을 익혔다. 새로운 분야가 알고 싶으면 그 분야 전문가들, 경험자들이 쓴 책을 읽어보면 된다. 나에게 '엄마'는 그런 공부의 대상이었다. 엄마를 위한 준비는 어떻게 하는가? 어디서 배우는가? 무엇을 배워야 하는가? 엄마의 역할은 무엇인가? 궁금하고 배우고 싶은 것이 많았다.

당시 아이를 키우는 집이면 하나씩은 가지고 있던 신생아용 교과서가 있었다. 나 같은 초보 엄마들을 위한 책이었다. 영유아의 상황별 해결책이 사례별로 잘 정리되어 있었다. 처음에는 책에서 알려 주는 대로 했다. 시간이 되면 놀자고 하는 아이도 재웠다. 놀이 해야 할 시간이면 자고 있는 아이를 깨워서라도 놀아주었다. 아이를 파악하지 않은 채 그 책에서 시키는 대로만 반복했다. 내 아이의 성향과 나의 상황은 전혀 고려하지 못했다.

그러니 아무리 지식이 더해져도, 그때그때 일어나는 일들은 대비할 수 없었다. 그보다 훨씬 방대하고 예측할 수 없는 시간으로 채워질 실전편이 남아 있었다.

생후 5개월쯤 되었을 때다. 잠투정하는 아이를 안고 재우려고 1시간 넘게 씨름했다. 아이도 나도 땀범벅이 되었다. 움직일 때마다 쉰내가 올라왔다. 1시간 넘게 울던 아이는 목소리가 나오지 않아 서럽게 흐느끼고 있었다. 하도 울어서 얼굴이 시뻘겋게 달아올랐다. 아이 안고 있던 띠를 풀었다. 침대에 아이를 내려놓고 나도 누워버렸다. 눈물이 쏟아졌다. 한 손으로 흐르는 눈물을 닦으며 다른 한 손으로는 누워 있는 아이를 토닥였다. 잠시 후 울음소리가 멈추었다. 고개 들어 아이를 보았다. 깊은 잠에 빠진 듯 곤히 자고 있었다. 천사의 모습이었다.

정원이는 놀던 자리에서 토닥이며 편하게 재워주면 이내 잠드는 아이였다. 말할 수 있게 된 뒤로는 '엄마, 잠이 와.'라고 말하고 잠드는 데 10분이 채 안 걸렸다. 함께 누워 이야기하다가 자장가 한두 곡 부르면 바로 잠들었다. 서로의 방식을 알아 가는 시간이 필요했다. 책에서 알려주는 것이 전부가 아니었다. 나와 정원이만의 방식을 찾고 파악하는 것이 더 중요하다는 것을 깨달았다. 하나의 정답으로는 세상을 살아갈 수 없다.

임신 이후 제일 처음 읽은 책이 법륜 스님의 『엄마 수업』이었다. 임신의 순간부터 성장의 단계별로 어떤 사랑을 하는 엄마가 되면 좋을지에 대해 생각하며 읽었다. 엄마의 역할과 태도에 대한 기준을 만들어 준 책이었다. 이후에도 좋은 엄마가 되기 위해 '엄마'라는 단어가 들어간 제목의 책을 여러 권 읽었다.

임신 사실을 처음 알게 된 순간, 아이가 건강하게 세상 밖으로 나와 준 순간은 엄마에게는 생애 최고의 날이다. 자식은 그 어떤 것과도 바꿀 수 없는 존재이다. 때문에 '엄마'가 되면 모든 것을 희생한다. 그렇지 않으면 안 된다는 시선이 있다. 당연히 부모로서 책임과 의무를 다해야 한다. 하지만 좋은 엄마는 나만 잘하고 열심히 한다고 해서 될 수 없다. 내 아이도 만족하고 동의해야 한다.

아이를 잘 키우고 싶은 대한민국의 엄마들은 온 관심을 자녀에게 쏟는다. 사랑하니까. 아이가 잘되었으면 하는 마음이 가득하니까. 엄마들의 모든 행동에는 자식을 위한 것이라는 명분이 있다.

나 역시 아이를 위해 무엇을 해줄 수 있을지 고민했다. 최대한 많은 경험할 수 있도록 해야겠다고 생각했다. 스물두 살에 첫 여행을 하고, 100번 넘는 여행을 하면서 낯선 곳에서 만난 모든 것이 배움이었다. 교과서 밖 세상에서 더 많은 경험을 했다.

나도 대한민국 평범한 엄마 중 한 명이다. 자식을 잘 키우고 싶어 더 많이 더 멀리 여행하기로 했다. 내가 20대에 만난 세상을 더 일찍 내 아들에게 보여주고 싶었다. 그래서 최대한 자주 여행을 떠나기로 했다.

여행은 세상과 사람을 만나는 과정이다. 낯선 곳에서의 낯선 만남을 통해 배우고 익히고 성장할 기회다. 내 아이에게 줄 수 있는 최고의 희생과 헌신은 함께 떠나는 거다. 누구보다 많은 것들 보고 들으며 더 넓은 세상을 경험하는 것. 이것이 내가 생각하는 '최고의 학교이고 교실'이다.

 지구 한 바퀴, 마음 두 바퀴

어떤 엄마가 되고 싶었나요?
내가 내 아이에게 줄 수 있는 최고의 헌신과 희생은 무엇인지 떠올려 보세요.

성적만 바라본 교육의 한계

　2018년 방영되었던 〈SKY 캐슬〉은 대한민국 입시 민낯을 그대로 보여주는 드라마였다. 자녀 교육에 목숨 거는 부모들 모습이 현실과 다르지 않았다. 성적만 중시했던 가정의 불행한 결말을 보았다. 공부만이 유일한 것이라고 강요받았던 아이들의 고통스러운 모습도 볼 수 있었다.

　7년이 지난 지금도 상황은 크게 바뀌지 않은 것 같다. 2025년 3월 13일, 교육부와 통계청이 발표한 '2024년 초중고 사교육비 조사' 결과에 따르면 지난해 초중고 학생 총 사교육비는 29조 1,919억 원이다. 이는 2007년 조사가 시작된 이래 역대 최고였다.

　2023년 영어교육회사 '윤선생'에서 고등학교 1학년 이하 자녀를 둔 학부모 824명을 대상으로 '물가 상승에 따른 사교육비 지출변화'에 대한 설문조사(윤스매거진)를 했다. 학부모 열 명 중 일곱 명은 가계 지출을 줄였음에도 사교육비는 이전처럼 유지하거나 오히려 늘렸다고 답변했다.

경제 불황, 학령인구 감소 등 악조건 속에서도 '내 아이만 뒤처지는 건 아닐까?' 하는 두려움과 불안감이 크게 작용한 것으로 보인다.

가난했던 1950년대에 태어난 내 부모 세대에게는 교육만이 답이었다. 교육 기회만 가질 수 있다면 출세도 탄탄대로였다. 공부할 수 있었던 사람들은 그만큼 사회에서 특혜를 누렸다. 그 세대의 결혼으로 태어난 1970년대생들 역시 부모 영향을 그대로 받았다. 빠르게 교육하고 양성해서 국가에 필요한 인력으로 일하게 하는 것이 중요했다. 공부로 만들어진 결과만이 순위를 매기는 유일한 도구로 사용되었다. 공부 좀 잘하면 좋은 대학에 갈 수 있었다. 좋은 대학을 졸업하면, 비교적 안정적으로 일하고 돈 버는 직장인이 될 수 있었다. 1989년 전 국민이 자유롭게 해외여행을 할 수 있게 되면서 인식 변화가 조금씩 생겼다. 배낭여행을 가거나 유학 가는 사람들이 늘어나기 시작했다. 한국과 다르게 사는 사람들을 보고 배울 기회가 생겼다.

93학번으로 대학 생활을 시작하고 3학년 여름 방학 때 유럽으로 배낭여행을 떠났다. 우리와 다르게 살고 있는 사람들을 보았다. 졸업 후 말레이시아, 태국 리조트에서 일했다. 유럽인들이 주로 찾아오는 곳이었다. 그들은 자신을 가장 중요하게 여겼다. 타인을 의식하지 않고 자신의 방식대로 살아가고 있었다. 그때의 경험 덕분에 나도 나 자신을 중심에 두고 삶을 살아왔다. 삶은 단순히 세대의 차이에 따라 달라지는 것은 아닌 것 같다. 어떤 환경에 노출되었는지에 따라 달라질 수 있다.

20대부터 여행하기 시작해서 100번 이상 한국 떠나 다른 나라로 여행했다. 이런 엄마는 아이를 어떻게 키웠을까? 아이가 돌이 되기도 전에 첫 여권을 만들었다. 20대에 여행하면서 아이들과 함께 여행하는 엄마, 아빠의 모습을 많이 보았다. 걷지도 못하는 아기를 캐리어에 태워 등에 메고 여행하고 있었다.

아들과의 첫 해외 여행지는 푸켓 클럽메드 리조트였다. 비행기 맨 앞 좌석 베시넷에서 잘 먹고, 잠도 잘 자던 정원이 모습이 생각난다. 10개월 아기였다. 정원이는 당연히 그때를 생각하지 못한다. 한 살도 안 되어 여행을 시작한 사진 속 자신의 모습을 볼 뿐이다.

코로나 이후 조금 더 빨리 찾아온 4차 산업의 시대. 미래형 인재 이야기가 거론되고 있다. 지난 20세기의 교육 모토는 표준화였다. 모든 아이가 전 과목에서 평균이 되도록 만들었다. 표준화된 일을 할 수 있게 만드는 것이 교육의 주된 목표였다. 학습 결과를 중시했다. 암기식 공부를 해야 했다. 100점 받을 수 있는 '시험 기술'을 배웠다. 지금은 교육도 AI와 함께하는 시대이다. 언제 어디서나 쉽게 답을 찾을 수 있는 인공지능이 등장했다. 문제의 답을 빨리 찾는 인간 능력이 중요하지 않다. 문제의 답을 찾아내는 속도는 인간이 AI를 따라갈 수 없다. 기술보다 중요한 것이 인간의 지혜이다. 대답 잘하는 능력보다 질문 잘하는 능력이 더 중요해졌다.

미래학자 다니엘 핑크는 미래를 여는 열쇠를 쥔 사람이 '특정 직업을 가진 사람'에서 '미래형 인재'로 넘어가고 있다고 말한다. 그 조건의 첫 번째가 창의성이다. 창의성은 자신만의 관찰에서 비롯된 생각에서 나온다. 미래에는 유연한 사고를 가진 사람이 필요하다. 답이 하나가 아니라는 것을 알기에 우회하기도 하고 잠시 속도를 늦추기도 한다. 로봇에게는 기대할 수 없는 능력이다. '공부'의 범위는 넓다. 어떤 것에 대해 궁금해하고, 생각하고, 찾아보고, 관찰하고, 경험하고, 또 문제를 해결해 가는 과정을 모두 일컫는다.

2023년 1월 예순 명의 여행클럽 회원과 두바이에서 출발하는 크루즈를 탔다. 15만 톤, 18층, 길이 350m가 넘는 초대형 크루즈였다. 일부러 약속을 정하지 않는다면 배에서 하루 종일 한 번도 마주치지 않는 날도 많다.

크루즈 여행을 할 때는 정보를 주고받고 소통하기 위해 선내 와이파이를 미리 준비해 가면 좋다. 우리 팀 대부분은 카카오톡이 되는 와이파이 상품을 샀다. 첫날에 와이파이를 연결하느라 오후 시간 내내 씨름했다. 카카오톡 연결이 안 되었다. 인터넷 서비스 부스를 찾아가 여러 번 요청해도 소용없었다. 선사 담당자에게 이메일을 보내 놓았다는 말뿐이다. 정원이는 방으로 와서도 내내 걱정했다. 답변을 들으러 고객서비스 부서를 몇 번이나 찾아갔다. 카카오톡은 안되고 왓츠앱(WhatsApp)만 작동했다. 첫날에는 배가 두바이에 정박되어 있어 데이터 로밍한 것으로 카카오톡을 주고받으며 소통했다. 다음날은 두바이 관광을 마치고 배로 돌아와서 밤새 아부다비로 이동하는 일정이었다. 바다 한가운데에서는 지상 데이터 로밍은 무용지물이고, 선사 와이파이만 됐기 때문에 배가 두바이를 떠나기 전에 해결해야 했다.

두바이 시내 투어를 마치고 두바이 크루즈 터미널로 돌아왔다. 버스가 터미널 앞에 정차하자마자 정원이는 버스에서 가장 먼저 내려서 터미널 안쪽으로 뛰어 들어갔다. 가장 먼저 승선 수속을 마치고 배로 들어가는 입구에서 우리 팀들 모두를 불러 세웠다. 내가 가이드들과 인사하고 마지막 사람들을 챙겨 들어가니, 사람들에게 '왓츠앱'을 스마트폰에 설치하는 것을 도와주고 있었다. 사람들은 터미널 대합실 의자에 앉아 정원이가 알려주는 대로 스마트폰을 만지고 있었다. 크루즈 터미널의 공용 와이파이를 통해서였다. 나이 많은 어른들은 공용 와이파이 찾아 쓰는 것부터 알려주어야 했다. 크루즈 터미널 와이파이에 연결한다. 앱을 설치한다. 본인 인증을 거쳐 회원가입 한다. 왓츠앱 채팅방에 초대한다. 채팅하며 잘 연결되는지 확인한다. 채팅방 초대된 사람들은 차례대로 승선했다. 마지막 사람까지 마무리하니 2시간이 훌쩍 넘었다. 마지막 사람과 함께 배를 타고 방으로 갔다. 정원이는 침대에 그냥 쓰러졌다.

"엄마, 힘들었어. 그런데 이제 마음이 편해. 관광하는 내내 걱정했어."

엄마 따라다니던 꼬맹이가 어느새 든든한 엄마의 파트너가 되었다. 정원이는 리더로 움직이고 있는 엄마를 늘 기다려야 했다. 호텔 도착해서도 사람들이 모두 방 배정받고 난 후에야 우리는 방으로 갈 수 있었다. 보채지도 않고 짜증 한번 내지도 않았다. 기다리다 소파에서 잠든 아들을 깨워 방으로 가기도 했다. 이제 정원이는 내가 하는 일을 자세히 관찰한다. 내가 뭔가를 하는 동안 사람들의 표정과 행동을 살핀다. 공항에서도,

호텔에서도 어떤 순서로 진행이 되는지 잘 알고 있다. 내가 말하기도 전에 정원이의 몸이 먼저 움직인다. 할 수 있는 일은 먼저 나서서 한다. 사람들을 돕는다. 이미 벌어진 일에 대해 탓하고 후회하지 않는다. 현재로부터 출발한다. '태도'에 대한 성적을 준다면 정원이에게 100점에 또 100점을 더해 주고 싶다.

공부만이 전부였던 시대는 지나가고 있다. 이제는 문제를 어떻게 해결하느냐와 어떤 태도로 상황을 마주하느냐가 더 중요한 시대다. **여행을 통해 배운 것은 점수로 매길 수 없는 태도와 책임감이다. 성적보다 더 값진 것은 스스로 할 수 있는 일을 찾아 나서고, 주어진 상황에서 최선을 다하는 힘이다.**

 지구 한 바퀴, 마음 두 바퀴

아이의 성적보다 더 값진 것이 무엇이라고 생각하나요?
아이의 성적표를 보고 나는 어떤 말을 해 주었는지 떠올려 보세요.

말문 닫힌 아이,
마음의 문까지 닫히기 전에

2023년 9월 대구 KBS '아침마당' 프로그램에 '특별한 여행 짝꿍'이라는 주제로 출연하게 되었다. 나의 여행 짝꿍은 10년째 함께 여행하고 있는 아들이다. 진행자들은 아이들이 고학년이 되거나 사춘기에 접어들면 부모와 함께 외출하는 것도 어려운데, 어떻게 여행을 함께 하고 있는지가 궁금하다고 했다. 혹시 엄마만 원하는 여행이 아닌가 해서 진행자들이 정원이에게 질문했다. 나도 정원이의 대답이 궁금했다.

"엄마랑 계속 여행할 거예요."
"엄마와 함께 여행하면서 좋지 않은 적이 한 번도 없었어요. 엄마와 대화를 많이 하거든요."

진행자들의 기대했던 답변은 아니었다. 여행하며 정원이에게 화를 내거나 큰 소리를 내며 혼을 낸 적도 없다. 이건 집에서도 마찬가지다.

정원이와 나 사이에는 서로가 정한 규칙이 있다. '엄마' 또는 '정원아'라고 불렀을 때, 바로 대답하고 서로에게 달려가 주는 것이다. '왜'라고 묻지 않고, '응'이라고 하기로 했다.

집에 있을 때 정원이는 '엄마'를 자주 부른다. 잠이 안 와서, 그냥 엄마 보고 싶어서, 등이 가려워서, 뭔가 하다가 엄마에게 보여주고 싶어서. 그것이 무엇이든 이유는 있다. 큰일인지 아닌지, 중요한 일인지 아닌지는 대답하는 사람이 정할 수 없다. 부르는 사람이 필요하면 그렇게 한다. 나도 침대에 누워 가끔 정원이를 부른다. 게임하고 있는 중이어도, 친구와 통화하다가도, 엄마가 부르면 와야 한다. 당장 달려가 눈을 맞추고, 이야기를 듣는다. 우리는 이렇게 신뢰를 쌓았다. 보고 싶으면 언제든지 전화할 수 있다. 언제든지 불러서 볼 수 있다. 같이 지내는 시간이 적은 편이지만, 집에 있을 때만큼은 서로에게 그런 존재가 되고 싶었다.

나는 생후 45일 때부터 남의 손에 정원이를 맡긴 워킹맘이다. 재우는 건 최대한 내가 하려고 노력했다. 낮 동안 떨어져 있었던 우리는 침대에 누워 하루에 있었던 일을 나누었다.

"오늘 하루 중 좋았던 일 세 가지는 뭐야? 오늘 하루 중 나빴던 일 세 가지는 뭐야?"

정원이의 하루에 관해 물었다. 나도 똑같이 정원이에게 들려주었다. 이렇게 이야기를 나누다 보면 어떨 때 행복해하는지, 걱정이 있지는 않는지, 싫어하는 것은 무엇인지 알 수 있게 된다. 정원이가 친구들 이야기를 하는 것처럼 나도 내가 만난 사람들에 대해 이야기했다.

여행을 가면 24시간 함께 할 수 있었다. 이야기를 많이 나누었다. 정원이의 이야기를 듣는 것이 즐거웠다. 어린 시절의 정원이는 엄마와 오래 함께할 수 있어서 여행이 좋았을 것이다. 학교 일정은 고려하지 않고 여행 가자고 하는 엄마를 수시로 따라나섰다. 지난 10년 동안 1년에도 몇 번씩 길고 짧은 여행을 했다. 벌써 서른 번이 되었다.

여행하면서 정원이가 좋아하는 것과 싫어하는 것을 알게 되었다. 걸음걸이만 봐도 기분 어떤지 알 수 있다. 무엇을 원하는지 표정만 봐도 알 수 있다. 풀타임 엄마로 살지 못했지만 여행하면서 더 밀도 높은 시간을 보냈다. 정원이는 내 목소리 톤만 조금 바뀌어도 내 기분 먼저 알아차린다.

비행기, 기차, 버스를 타도 옆자리에 같이 앉는다. 같은 방에서 지낸다. 같은 공간에 있지만 각자 원하는 일을 하니, 어색하지도 불편하지도 않다. 서로의 시간을 존중해 준다. 그러다가 재미난 것이 있으면 나눈다.

친구들과 게임하는 시간을 방해하지 않는다. 질문하고 나서 대답하기 전에 충분히 시간 가지도록 기다린다. 자신을 표현할 시간도 충분히 준다. 아이와 소통하기 위해서는 시간이 필요하다. 대단한 건 아니고 조금만 참으면 된다. 내가 아이의 감정에 공감하고 있음을 보여주기 위해 들은 내용을 다시 되새겨 본다. 아이가 이야기하고 있는 관점에 동의하지 않더라도 존중해 준다.

"엄마, 서은이가 액체 괴물 한 통을 나한테 줬어."

"좋았겠네. 왜 너한테 그걸 준 거야?"

"사실은 서은이가 엄마 몰래 산 건데 들키면 혼날까 봐 나 가지라고 한 거야."

"서은이가 엄마한테 사실대로 말하게 도와주는 게 좋을 것 같아. 그것도 돌려주고. 정원이가 말하기 어려우면 엄마가 도와줄까?"

"아니, 내가 내일 학교 가서 직접 해결해 볼게. 다 얘기하고 나서 나중에 다시 엄마한테 말해 줄게."

본인 행동이 걱정되어 나에게 의논하는 정원이에게 과잉 반응하지 않았다. 자기 생각과 걱정을 편안하게 공유할 수 있도록 했다. 정원이가 이 일에 대해 다시 이야기할 때까지는 며칠이 더 걸렸다. 다시 묻지 않고 기다렸다.

"엄마, 서은이가 엄마한테 사실대로 말했대. 나도 다음날 바로 액체 괴물 돌려줬어."

잘했다고만 하고 더 이상 그것에 대해 이야기를 길게 하지 않았다. 나에게 의논한 정원이는 이미 불편한 마음이 있었다. 그러니 내가 다시 상기시켜 지적할 필요가 없었다. 문제나 우려 사항을 다룰 때는 일반화된 비판보다는 특정 행동에 초점 맞추어 이야기했다. 긍정적인 행동과 성과에 대해 칭찬해 주었다.

아이들은 어렸을 땐 모든 이야기를 엄마 아빠에게 들려주고 싶어 한다. 새로 발견한 모든 것들, 궁금한 모든 것들을 이야기하고 싶어 한다. 엄마, 아빠는 그 말들을 다 들어주기에 너무 바쁘다. 피곤하다. 빨리빨리 내가 할 말만 전한다. 내가 가지고 있는 프레임으로 정답을 이야기한다. 아이들이 입을 닫았다고 불평할 것이 아니다. 한순간도 쉬지 않고 옆에 와 새처럼 이야기하던 아이들이 왜 단답형으로 대답하는지는 우리 스스로에게 물어보면 알게 된다.

아이의 생각과 의견을 존중했다. 말문을 닫고 마음의 문까지 닫기 전에 아이가 좋아하는 것이 무엇인지 들어주었다. 아이가 떼를 쓰고 소리를 지른다면 분명 이유가 있을 거라고 생각했다. 그 계기가 된 시작점을 찾아가 대화를 나누어 보면 좋겠다. 항상 같이 있는 집보다는 바깥으로 나가보는 것도 좋다. 여행을 자주 하면 몸과 마음이 조금 더 느슨해지면서 이야기가 쉽게 풀릴 수도 있다.

 지구 한 바퀴, 마음 두 바퀴

아이의 이야기를 마지막으로 '끝까지' 들어준 건 언제였나요?
중간에 끊거나 판단하지 않고, 충분히 말할 수 있도록 기다려준 경험을 떠올려 보세요.

사춘기와 갱년기
그 사이의 우리

'사춘기 자녀에게는 무관심한 사랑을 해야 한다.' 법륜 스님의 책 『엄마 수업』에서 읽은 대로 실천해야 할 때가 왔다. 법륜 스님은 기다려 주고 지켜보라고 했다. 중학교 2학년 때 부산으로 유학 간 정원이와 적당한 거리를 두고 지낸다. 1시간 30분, 65km. 우리 사이의 물리적 거리이다. 한 달에 두 번 정도 만난다.

여자 나이 50이 넘어 몸이 아파 병원에 가면, 대부분 갱년기 증상이라는 이야기를 듣는다. 사전에서 갱년기를 찾아보면 '질병 또는 노화로 난소기능이 감소하면서 폐경과 관련된 신체적 및 심리적 변화를 겪는 시기'라고 한다. 사춘기는 어린이에서 어른이 되어가는 과정을 말한다. 갱년기와 마찬가지로 신체적, 심리적 변화를 겪는 시기이다. 긴장, 오해, 감정적 충돌로 가득 차 있을 수 있다.

갱년기가 시작된 엄마는 더웠다 추웠다를 반복한다. 몸에 열이 오르면서 얼굴까지 차오른다. 감정의 롤러코스터를 겪는다. 청소년기 아이들은 세상에서 자신의 자리를 찾으려고 노력한다. 자신만의 동굴을 가지려 하다 보니 종종 오해를 받는다. 가족들이 서로의 눈치를 살피며 지낸다. 날마다 전쟁처럼 느껴질 수 있는 힘든 시기를 경험한다. 오해가 자주 일어나고 인내심이 부족하며 의사소통이 단절된다. 서로가 가장 필요할 때 서로 멀어지고 있다는 느낌을 받기 쉽다.

이렇게 될 거라는 이야기를 주변에서 자주 들었다. 단단히 각오하고 있었는데, 다행히 쓰나미 없이 잘 지나가고 있다. 정원이와 함께했던 여행의 경험에서 얻은 지혜들이 좋은 결과를 만들었다. 사춘기인 것 같냐고 가끔 아들에게 묻는다.

"사춘기라는 게 괜히 그걸 핑계로 화내고, 짜증 내고 더 그러는 것 같아."

내가 생각하는 갱년기도 그런 것 같다. 우린 핑계 대지 않기로 했다. 엄마의 갱년기와 아들이 사춘기는 서로의 시간을 존중하며 여전히 진행 중이다.

정원이의 여행은 2023년 6월 이전과 이후로 나누어진다. 6월 28일부터 30일. 2박 3일간 후쿠오카 미식 여행을 준비하고 있었다. 정원이에게 함께 가자고 미리 말하지 않았다. 학기 중이라 함께 하지 못할 거라고 생각했다. 2주일쯤 남겨두고 내 일정 공유하는 차원에서 정원이에게 이야기했다.

"정원아, 6월 말에 일본 여행 가."
"언제? 나도 일본 가고 싶은데."

일본으로 출발하는 날이 기말고사 마지막 날이었다. 나는 아침 7시 비행기로 후쿠오카로 출발하기로 되어 있었다.

"정원아, 만약에 일본 가고 싶으면 시험 끝나고 혼자 비행기 타고 올래?"
"혼자? 조금만 고민해 볼게."

걱정된다고 했다. 이미 수십 번의 여행 경험이 있지만 혼자서 해본 적은 없었다. 탑승권 발권하고 출국 심사를 거쳐 비행기 탑승까지 혼자 할 수 있을지를 걱정했다. 더군다나 공항에 도착해 호텔까지 찾아와야 한다고 하니 바로 대답하지 못했다. 다음 날 아침 학교 가는 길에 전화가 왔다.

"엄마, 항공권 예매해 줘."
"정원아, 호텔까지 정말 너 혼자 찾아와야 해."

정원이의 후쿠오카행 비행기를 예매했다. 여행 가기 전날까지 전화 통화를 할 때마다 정원이는 나에게 다짐하듯 이야기했다. '괜찮아, 할 수 있어.' 내 마음도 같았다. 정원이에게 불안한 내색은 전혀 하지 않았다. 전화와 위치 추적이 되는 애플리케이션도 미리 준비했다. 정원이는 일본 입국에 필요한 미성년자 서류도 알아보고, 공항에서 지하철 타고 시내로 가는 길도 구글맵으로 미리 찾아보았다고 했다.

드디어 후쿠오카행 여행 날이 되었다. 저녁에 호텔에서 만나기로 하고 비행기 타기 전에 정원이와 통화를 했다. 나는 예정대로 일행들과 아침 7시 비행기를 타고 일본으로 먼저 출발했다. 오후가 되니 기말고사를 마친 정원이가 공항으로 가면서 나에게 전화했다. 공항에 도착해서 어떤 순서로 수속할지를 이야기했다. 정확하게 잘 알고 있었다.

"엄마, 나 벌써 출국 심사 끝내고 게이트 앞이야."

키오스크에서 간단하게 수속을 마치고 항공권을 발권했다고 했다. 2박 3일 짧은 일정이었기에 짐은 배낭 하나였다. 수화물로 보낼 짐이 없으니 항공사 카운터까지 갈 필요도 없었다. 내가 아침에 갈 때만큼 출국 심사장에도 긴 줄이 없었다고 한다. 1차 관문을 무사히 통과했다. 아침에 통화할 때와는 달리 목소리에 힘이 들어가 있었다. 공항에 일찍 도착해서 2시간을 게이트 앞에서 기다렸다. 촉박해서 불안한 것보다 나으니 괜찮단다. 실로 여행은 기다리는 시간이 절반이다. 그런 시간에도 익숙한 정원이었다. 이 또한 정원이에게는 여행이었을 것이다.

오후 5시 40분. 김해공항에서 비행기가 이륙했고 정확히 50분 후 잘 도착했다는 카카오톡이 왔다. 이제 공항 셔틀버스를 타고 지하철역으로 가서 호텔 근처로 오는 지하철만 타면 된다. 지하철역에서 호텔로 찾아

오면 '엄마 만나기' 성공이다. 로밍된 데이터를 켜고 구글 지도로 미리 표시해 둔 호텔을 목적지로 입력한 뒤 길 찾기를 시작했을 것이다. 호텔에 도착할 때까지 1시간 정도 걸린다. 먼저 전화하지 않고 기다렸다. 1시간쯤 후 호텔 방의 초인종이 울렸다. 방문을 열었다. 정원이가 활짝 웃고 있었다. 아들 이름을 크게 부르고 팔 벌려 안았다.

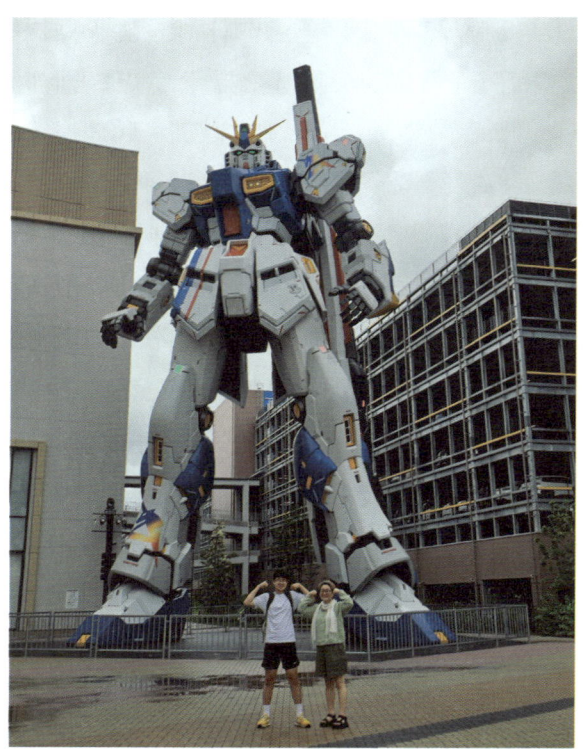

정원이를 기다리면서 1년 치 짐을 싸 푸켓 클럽메드로 일하러 갔던 스물다섯 살 정원희가 떠올랐다. 겨우 두 번의 해외 경험밖에 없었던 내가 처음으로 혼자 비행기를 탔다. 인천에서 방콕을 거쳐 푸켓으로 가는 비행기였다. 짐을 찾았다가 다시 부치느라 푸켓 연결 편 비행기를 놓쳤다. 다음 비행기를 기다려 겨우 탔는데 예정보다 푸켓에 3시간이나 늦게 도착했다. 마중 나오기로 한 사람도 기다리다가 돌아가 버렸다. 자정이 가까운 시간에 혼자서 리조트까지 찾아가야 했다. 지금도 그렇지만 당시의 푸켓 도로는 암흑천지였다.

하지만 이날의 경험 덕분에 웬만한 인생 장애물은 거뜬히 넘을 수 있는 맷집이 생겼다.

경험이 중요하다. 실패의 경험도 성공의 경험도 많으면 많을수록 좋다. 정원이의 일본 여행 경험도 걱정과 두려움을 걷어내고 도전할 수 있는 좋은 근력을 만드는 기회였기를 바란다. 엄마 찾아오는 길이 힘들었다고 하지 않았다. 처음엔 조금 걱정했지만, 막상 과정이 시작되니 신나고 별거 아니었다고 한다. 중학교 3학년이었던 정원이는 혼자만의 시간을 좋아하는 사춘기였다. 기회를 선택하는 것도 포기하는 것도 정원이 몫이어야 한다고 생각한다. 스스로 고민하고, 결정해서 행동할 수 있도록 기다려 준다. 부족함이나 어려움이 있다고 의견을 구하면 답해 준다. 엄마 손 잡고 여행하던 꼬맹이가 훌쩍 커 버렸다. 엄마 없이 혼자 할 수 있는 일도 혼자 갈 수 있는 곳도 많아졌다.

아이들은 스스로 도전하고 실패하며 경험을 쌓아가는 과정에서 성장한다. 부모의 과도한 간섭보다는 스스로 선택하고 실수하며 배우는 기회가 많을수록 좋다. 작은 도전과 실패가 쌓여 독립심과 책임감 갖추게 된다.

 지구 한 바퀴, 마음 두 바퀴

최근에 아이가 스스로 도전할 수 있는 기회를 준 적이 있나요?
아이가 먼저 해 보겠다고 하고 성공한 경험이 있는지 떠올려 보세요.

지금 아니면 언제 행복하려고?

　여행은 지금을 살게 해 준다. 현재 상황을 받아들이고 자신의 감정을 바르게 표현할 수 있는 사람이 되도록 해 준다. 여행할 때는 과거도 없고 미래도 없다. 지금만 있을 뿐이다.

　여행하며 보내는 하루는 인생의 한 달, 1년과도 같다. 여행 일정 전체는 인생 전체와도 같다고 생각한다. 어떤 일이 발생하면 되도록 빨리 해결하고 다음 단계로 나가려고 한다. 고민과 후회는 지금 시간을 망치고 앞으로의 시간까지도 낭비하게 만든다. 내 의지로 할 수 없는 것은 놓아 버리거나 도움을 줄 수 있는 사람을 찾는다. 내가 결정하면 되는 일은 되도록 빨리 선택하고 진행한다.

　여행에서의 시간은 테트리스 게임과 같다. 새로운 모양의 일들이 계속해서 밀려온다. 레벨이 올라가면 속도도 빨라진다. 좋아하는 것도 있고, 싫어하는 것도 있다. 예측할 수 없다.

여행이 일상과 다른 점은 낯설다는 것이다. 모든 게 처음이다. 처음 가 보는 곳, 처음 만나는 사람, 처음 먹어보는 음식. 기대하는 바와 일치하지 않는다. 예상과 전혀 다른 방향으로 가기도 한다. 요행히 쉽게 풀리는 때도 있다. 한 번 만에 길을 찾고, 그림만 보고 선택한 음식이 인생 최고의 음식이 되기도 한다. 하지만 이런 것은 그야말로 운이 좋아서 얻게 되는 결과이다.

정원이는 지난 10년간 함께 여행하면서 내가 하는 선택과 그에 따른 과정 그리고 결과를 지켜보았다. 최우선을 정하고 차선도 생각해 두었다. 결정이 신속하고 명쾌하려면 기준이 있어야 한다. 자신이 무엇을 좋아하고 원하는지 정확하게 알아야 한다. 싫은 것은 걷어낸다. 그러면 좋아하는 것이 남게 된다.

중학교를 다니며 좋아하지 않는 수학과 과학 공부에는 학교 수업 외에는 추가 시간을 쓰지 않았다. 영어 학원은 매일 갔다. 다른 학원을 가지 않아 영어에 시간을 더 쓸 수 있었다.

학원 많이 다니고 공부 잘하는 친구들은 공부를 좋아해서 하는 줄 알았단다. 정원이에게는 좋아하는 일에 더 많은 시간을 할애하면 된다고 이야기하곤 했다. 그렇게 좋아하는 그것을 하다 보면, 잘하게 되는 것이 생기고, 그러면 그 과정이 힘들어도 쉽게 놓지 않을 거라는 것을 알고 있어서다.

우쿨렐레를 배운 지 2년쯤 되었을 때, 정원이는 새로운 우쿨렐레를 갖고 싶다고 했다. 창원에 있는 악기점에 가서 여러 가지 우쿨렐레를 구경하고, 연주도 해보았다. 맘에 드는 악기도 하나 정했다. 바로 사줄까 생각하다가 마침 멕시코 크루즈 여행을 앞두고 있어 미션을 하나 정했다. 미션 완료 후 다녀와서 사기로 했다.

"여행 갈 때 우쿨렐레 가지고 가서, 사람들 앞에서 세 번 연주 하면 미션 성공이야. 어때?"

정원이는 바로 답하지 않았다. 나는 기다렸다. 1시간쯤 걸려 집에 도착해서는 도전하겠다고 했다. 로스앤젤레스에서 출발하는 크루즈 여행에 우쿨렐레를 가져갔다. 악기를 배낭처럼 메고 다녔다. 우쿨렐레 가방이 무겁고 크지는 않았지만, 그것부터가 정원이에게는 도전이었던 것 같다. 컨디션이 좋을 때는 가방을 메고 펄쩍 뛰어다니다가, 잠이 오면 나한테 가방을 던져 주었다. 밤낮이 바뀌는 시차에 피곤한 정원이는 우쿨렐레 가방이 무겁다고 했다.

"정원아, 이러면 미션 실패야. 연주하기 위해서 악기를 잘 가지고 다녀야지."

열 살도 안 되는 꼬맹이였는데 봐주지 않는 엄마를 원망했을 수도 있었겠다 싶다. 세 번 공연하는 미션에는 세부적인 조건도 있었다. 열 사람 이상이 모여 있는 각기 다른 장소에서 연주해야 하는 것. 첫 번째 시도는 로

스앤젤레스 항구에서 크루즈 승선을 위해 줄 서 있을 때였다. 우쿨렐레 가방을 열어 꺼낼까 말까를 여러 차례 반복했다. 끝내는 꺼내지 못하고 배를 탔다. 그저 지켜보았다. 하겠다고 하면 응원하고, 못했을 때는 용기를 주었다. 할 것인가 말 것인가에 대해서는 정원이의 몫이었다. 일주일의 여행 기간 동안 열 번도 넘게 시도했다. 함께 여행하는 이들도 정원이를 응원했다. 시도했다가 결국 해내지 못하고, 다시 가방 안으로 들어가는 우쿨렐레를 보며 안타까워했다. 그들도 조용히 지켜봐 주었다. 강요하지 않았다. 정원이가 용기를 내고 스스로 끝낼 수 있도록 기다렸다.

리셉션 파티를 위해 모인 라운지에서 첫 번째 공연을 했다. 두 번째는 버스를 타고 기항지 관광을 나가서였다. 마지막은 크루즈를 내린 뒤 며칠 더 묵기로 한 LA 에어비앤비에서였다. 우리 일행을 포함하여 에어비앤비 주인 가족을 합치니 열 명이었다. 마침내 세 번의 미션을 끝냈다. 미션 끝날 때까지 용기를 내었다 접기를 반복한 정원이의 마음을 생각하니 뭉클했다. '내가 너무 매정한 엄마인가? 힘들면 끝내지 않아도 된다고 했어야 하나?' 이런 생각도 들었다.

집으로 돌아가는 날 공항 의자에 앉아 우쿨렐레를 꺼내 연주하는 정원이 모습을 보았다. 미션을 위해서가 아니라 스스로 하는 연주였다. 긴장된 모습은 없고 웃음 가득한 얼굴로 노래까지 부르며 자신만의 시간을 즐기고 있었다. 행복해 보였다. 꾸준한 도전이 결국 성공을 만든다는 것을 배웠다. 성공의 경험을 넘어 자신을 행복하게 만드는 방법까지 배운 여정이었다.

하고 싶지 않아도 필요하다면 해야 한다. 선택도 실행도 스스로 해야 하는 결정이다. '강의하는 건 좋은데, 강의 준비는 싫다.'라고 말하던 김미경 강사도, 좋아하지 않지만 더 좋아하는 것을 위해 선택한다고 했다. 수학을 하지 않겠다던 정원이가 고등학교에 들어가면서 수학 공부에 시간을 쓰기 시작했다. 체육 선생님이 되고 싶은 꿈이 생겼기 때문이다. 체육교육학과에 입학하고 싶다고 했다. 학교와 학원 선생님, 선배들과 상담하고는 수학을 해야 한다는 결론을 냈다. 선택과 결정을 하는 데 시간이 오래 걸리지 않았다. 정원이가 이미 답을 가지고 있어서였다. 원하는 꿈을 이루게 될 시간을 상상하며 지금을 보내는 것이 정원이를 행복하게 만든다. '지금 행복하지 않다면, 언제 행복해지려고 하는 거야?' 정원이는 매일매일 자신이 행복하다고 외치는 대한민국 고등학생이다.

미래를 위한 준비와 대비로 지금을 놓쳐서는 안 된다. 좋아하는 일을 하며 쌓는 경험은 후회 없는 현재를 누리면서 자존감을 높이는 밑거름이 될 수 있다. 아이가 스스로 선택한 길에서 성장할 수 있도록 무관심한 사랑으로 응원하며 늘 그들의 도전을 믿어주면 된다.

바뀐 우선순위,
공부보다 중요한 것

나는 정원이가 네 살 때 '신기한 아기나라 프로그램'을 구독한 적 있다. 일하는 엄마의 빈자리를 채우고 아이 돌보는 부모님 수고를 조금이라도 덜어주고 싶었다. 예쁘고 친절한 선생님이 집으로 찾아와서 책을 읽어주고, 놀이도 함께했다. 다섯 살이 되면서 '신기한한글나라'로 한글 공부를 시작하려고 했다.

"어머니, 정원이는 잠시 교육을 쉬는 게 좋을 것 같아요."

한글을 가르쳐준 뒤 글을 읽어보라 하니, 정원이가 책을 덮으며 선생님에게 그냥 읽어 달라고 했단다. 이런 상황이 반복되었다. 선생님은 오히려 한글에 대한 부정적인 경험이 쌓일까 봐 걱정했다. 나도 멈추는 게 좋겠다고 생각했다. 부모님은 걱정이 태산이었다. 공부를 싫어한다는 둥,

한글을 빨리 못 익혀서 어떡하냐고 했다. 나는 정원이가 한글을 몰라 세상살이가 힘들 거라는 걱정은 전혀 하지 않았다. 결국 일곱 살에 병설 유치원을 다니며 한 달 만에 한글 읽고 쓰는 것까지 완벽하게 익혔다. 때가 다 있다.

'엄마 따라 여행을 많이 다녀서 영어 잘하겠어요.' 정원이가 영어를 잘할 거로 생각하는 사람들이 많았다. 영어를 잘하면 좋겠다는 바람은 있어서, 여행 다니며 영어 공부를 몇 번 권해 보았다. 그럴 때마다 정원이는 이렇게 나에게 이야기했다. "엄마가 영어를 잘하니까 나는 안 해도 될 것 같아."

나도 고등학생 때까지는 전혀 영어에 관심이 없다가 성인이 되어서야 영어로 말할 수 있게 되었다. 정원이에게도 조급한 마음 가지지 않기로 했다. 정원이는 영어를 못하는 것에 불편함을 느끼지 못했다. 본인이 하고 싶은 말이 있으면 그때마다 나에게 묻고 잠시 기억해서 영어로 말했다. 본인의 욕구를 빨리 해결하기 위한 간단한 말들이 필요할 뿐이었다.

정원이는 영어권이 아닌 유럽이나, 아시아 지역을 여행하면서 나라마다 다른 언어를 사용한다는 것을 알게 되었다. 여행지가 정해지면, 어떤 언어를 쓰는 나라인지 물어보곤 했다. 내가 스물두 살에 유럽 배낭여행에서 들었던 다양한 유럽의 언어들을 정원이는 여덟 살부터 경험했다. 영어만으로 모든 사람과 소통하지 않는다는 것도 알게 되었다. 알파벳 외에 다른 문자들도 그림처럼 보게 되었다. 영어 외에 프랑스어나 스페인어를 배워보고 싶다고 했다. 멋지게 들린단다.

정원이와 대화할 때 무리하게 영어를 써가며 대화하려는 시도는 하지 않았다. 모국어를 완벽하게 구사할 수 있도록 하는 것이 더 중요하다고 생각했다. 모국어로 충분히 많은 어휘를 알고 있어야 그것과 대치되는 외국어도 알 수 있기 때문이다.

2016년 여름, 남아공으로 가족여행을 가게 되었다. 요하네스버그 주재원으로 일하고 있던 친구 집에서 며칠 지냈다. 정원이 또래의 남매가 친구네 뒷집에 살고 있었는데, 마당에서 만나 자연스럽게 같이 놀게 되었다. 마당 안쪽에서 친구와 차 마시고 있는 나를 정원이가 불렀다.

"엄마, 얘가 뭐라는 거야?"
"너 어디에서 왔는지, 몇 살인지 궁금한 게 많은가 보네."

잠깐 대화를 도와주고 집 안으로 들어왔다. 잠시 후 다시 나에게 와서 도움을 청했다.

"엄마, 어디를 가자고 하는 것 같은데, 뭐라고 하는지 잘 모르겠어."
"자기 집에 가서 같이 놀자고 하네."

그렇게 대화가 잘 안되는 상황에서 정원이는 두 아이와 몇 시간을 보냈다. 언어 없이 몸으로 소통하며 잘 노는 것 같았다. 여행 끝내고 집으로 돌아온 정원이가 나에게 물었다.

"엄마, 나도 영어 공부를 하면 엄마처럼 말할 수 있을까?"

"그럼, 엄마도 어른 될 때까지 영어 한마디 못 했는데, 친구들이랑 이야기하고 싶어 배우게 된 거야."

"그럼, 나도 한번 해보고 싶어."

정원이가 처음으로 영어에 관심을 보였다. 남아공에서 친구들이랑 놀면서 엄마를 불러 물어보는 것이 불편했었다고 했다. 정원이가 영어 공부를 하고 싶은 이유를 알았으니, 그 목적에 맞게 배울 수 있도록 도와주고 싶었다.

한국에서 영어 선생님으로 일하고 있는 외국인 친구와 의논했다. 남아공에서 온 케네디가 집으로 정원이를 만나러 와 주겠다고 했다. 케네디는 한국의 초등학교와 중학교에서 수업하고 있던 10년 차 영어 선생님이었다. 케네디가 정원이를 만나러 온 날, 정원이와 함께 놀아달라고 부탁했다. 글자를 읽고 쓰는 것보다, 문법을 아는 것보다 영어를 좋아할 수 있게 되면 좋겠다고 생각했다.

일주일에 한 번 만나 숨은그림찾기, 빙고 게임, 딱지치기, 축구 등을 하면서 놀았다. 케네디 선생님은 한국말을 못 했기 때문에 영어로만 소통해야 했다. 처음에는 수업하다가 수시로 나를 불렀다. 하지만 곧 익숙해지며 나를 부르는 횟수도 점점 줄어들었다. 정원이는 영어로 말하는 사람과 두려움 없이 놀게 되었다. 귀가 먼저 열렸다. 어린아이가 어떻게 말을 배우는지 생각하면 원리는 간단하다.

초등학교 다니는 내내 학교 수업 외 영어 학원은 가지 않았다. 학교의 원어민 선생님과 글자보다는 말로 소통했다. 영어는 정원이가 좋아하고, 잘할 수 있는 과목이 되었다. 읽을 수 있는 단어보다 듣고 말할 수 있는 수가 더 많았다. 문법과 읽기는 염두에 두지 않았다. 듣고 말하기만 할 수 있도록 했다. 뭔가를 하지 않고 내버려둔 것이다.

아이들이 관심 있는 것이 있다고 하면 부모들은 무언가를 앞서 해 주려고 한다. 때로는 아무것도 하지 않고 지켜봐 주는 것이 훨씬 더 도움이 되기도 한다. 잘 지켜보고 있다가 필요할 때가 오면 돈, 시간, 에너지도 쓰는 것이다.

중학생이 되면서 영어 학원에 다니기 시작했다. 공부를 위한 학원은 처음이었다. 정원이는 학원 가는 것을 좋아했다. 수업과 숙제를 하느라 2시간 가까이 앉아 있어야 하는 것도 재미있어했다. 중학교 3학년이 된 정원이는 소통 수단으로 영어를 잘 사용하고 있다. 과목 중 영어를 제일 좋아한다. 가장 많은 시간을 써서 공부하는 과목이다.

내 아이가 어떤 성향이며, 무엇을 좋아하고 싫어하는지를 잘 관찰해서 알아내는 것이 중요하다. 공부에 큰 관심이 없었던 사람도 부모가 되면 태도가 달라진다. 나보다 나은 삶을 살게 하고 싶은 부모의 마음인 것 같다. 좋은 부모가 되겠다는 마음을 가지는 것은 바람직하다. 다만 부모가 자녀를 위해 힘써야 할 것에 공부를 최우선 순위에 두거나 공부만이 유일한 길이라 생각할 필요는 없을 것 같다.

우선순위를 아는 것이 중요하다. 아이가 무엇을 좋아하는지, 어디에 가장 많은 시간을 쓰고 싶은지 스스로 결정할 수 있도록 기다려 주자.

부모는 앞서서 이끌기보다는 아이가 필요할 때 곁에서 돕는 조력자가 되어야 한다. 좋아하는 것에 집중하면 자연스럽게 잘하게 되고, 잘하는 것을 꾸준히 하면 결국 그 분야에서 전문가가 될 수 있다. 중요한 것은 부모의 계획이 아니라 아이가 스스로 선택하고 성장하는 과정이다.

2장

세상을 배우는 아이, 미래 인재가 자라는 법

"학교는 우리에게 세상을 가르쳐주지 않는다.
세상이 우리에게 학교가 된다."

파울로 프레이리

나보다 좀 더 나은 삶은 무엇일까

정원이가 커다란 나비 날개를 달고 높이 날아오르는 사진이 내 책상 위에 놓여 있다. 열 번쯤인가 찍고 또 찍으면서 겨우 건진 작품이다. 10년쯤 전에 필리핀 세부 보홀에 간 적 있다. 공원으로 조성된 나비보호센터에서 박제된 나비 모형을 배경으로 찍은 사진. 엄마인 나보다 더 나은 삶을 살아가길 바라는 마음. 더 높이 더 멋지게 뛰어오르는 순간을 담아내고 싶었다. 정원이는 더 많은 곳을 날아다니며 배우고 있다.

나는 20대에 처음으로 나와 다른 곳에 살고 있는 다른 나라 사람들을 만났다. 그들과 함께 일하고, 여행했다. 그런 날들이 없었더라면 지금의 내 모습은 많이 달랐을 것이다. 여행에서 배운 경험과 지혜로 지금을 살아가고 있다.

 부모가 가장 가까이서 영향을 준다고 하지만, 내가 줄 수 있는 것은 너무 적다고 생각했다. 나와는 다른 세상을 살게 될 아들에게 인생을 즐기며 재미있게 살아가는 방법을 알려주고 싶었다. 여행을 통해 삶의 기술을 배울 수 있다면 조금 더 일찍이면 더 낫지 않을까? 그래서 우리는 여행을 시작했다.

정원이의 첫 유럽 여행지는 초등학교 1학년 여름 방학에 갔던 스페인이었다. 모스크바를 경유했다. 20시간이 넘는 비행시간도, 7시간의 시차도 처음으로 겪는 일이었다. 미리 걱정하면 아무것도 도전할 수 없으니 그냥 떠났다. 걱정을 빼면 더 많은 즐거움이 기다린다. 어린이 승객을 위해 챙겨주는 항공사의 선물 꾸러미, 4~5시간마다 알아서 챙겨주는 기내식, 그리고 영화와 게임 등 비행기에는 재밋거리가 많다. 장거리 비행은 정원이에게 지루함이 아니고, 즐거운 여정이었다.

유일한 어려움은 한국시간에 맞추어 쏟아지는 잠이었다. 모스크바에서 경유하는 시간이 정원이가 한국에 있을 때 자러 가는 시간이었다. 게이트 앞에서 비행기 탑승을 기다리다가 잠들어 버렸다. 나는 30kg에 가까운 아이를 업고 뛰어야 했다. 하필 기다리고 있던 게이트가 탑승 30분 전에 다른 곳으로 바뀌었다. 어디서 나왔는지 알 수 없는 초인적인 힘이 생겼다.

한국에서 출발한 지 거의 하루 만에 스페인, 바르셀로나에 도착하였다. 바르셀로나에서 출발하는 크루즈를 타기 위해 이틀 일찍 도착해서 도시를 돌아보았다. 현지에서 운영하는 가우디 버스 투어 상품을 선택했다. 바르셀로나 곳곳에 있는 안토니오 가우디의 건축물을 전용 버스를 타고 구경했다. 엄마는 70세에, 나는 42세에, 정원이는 8세에 처음 안토니오 가우디의 작품들을 직접 보았다. 2028년 완공 예정이라는 사그라다 파밀리아 성당을 보며 엄마는 말했다.

"살아생전에 다시 바르셀로나에 와서 완공된 성당을 볼 수 있을까?"

내일을 누구도 장담할 수 없지만, 여덟 살에 처음 안토니오 가우디를 알게 된 정원이가 부러웠다. 이어폰을 끼고 가이드의 설명을 듣고 있는 정원이의 표정이 진지해 보였다. 사그라다 파밀리아 성당의 외부 조각들을 설명할 때도, 성당 내의 스테인드글라스를 바라볼 때도.

아이를 데리고 여행한다고 하면 애들이 그걸 다 기억하겠냐고 말하는 사람들이 많다. 현장에서 보고 들었던 것들을 모두 기억 못 하기는 어른도 아이도 마찬가지이다. 우리는 전부가 아니더라도 그 순간의 느낌을 기억하고 추억한다. 구엘 공원에서는 타일로 만든 개구리 자석을, 사그라다 파밀리아 성당에서는 건축물이 그려진 컬러링 북을 샀다. 그것은 그때의 기억을 살려준다. 정원이가 그 기억의 끝을 잡고 꼭 다시 한번 바르셀로나에 가 보았으면 한다.

우리는 투어가 끝난 뒤 람블라스 거리로 갔다. 축구를 좋아하는 정원이에게 FC 바르셀로나의 모자, 가방, 축구공을 사주었다. 거리에서 만나는 바르셀로나 사람들이 정원이를 보고 엄지를 높게 들어 보이며 웃어주었다. 자신들의 팀 유니폼을 입고 있는 아이 모습을 좋아했다. 정원이 기억 속의 스페인 사람들은 인사 잘해주는 친절한 사람이었을 것이다.

거리를 걷다가 보케리아 시장으로 들어갔다. 보케리아 시장은 거기서 구하지 못하면 어디에도 없다고 할 정도로 다양한 식재료와 음식이 있는 곳이다. 정원이는 납작 복숭아를 신기해했다. 복숭아가 둥근 것만 있지 않다는 것을 알게 되었다. 훗날 어느 곳에서 네모난 복숭아를 만나더라도 이상하다고 생각하지 않을 것이다. 여행은 내가 아는 것이 전부라고 생각하지 않고, 다를 수도 있다는 것을 깨닫게 해 준다. 짧은 바르셀로나 여행을 마쳤다. 그곳을 다녀왔으니 다 안다고는 할 수 없지만, 그저 우리가 보고 느낀 만큼의 바르셀로나가 있다. 여행을 가면 다시 그곳을 오지 않을 것처럼 여행하지 않는다. 욕심부리지 않고, 선택한다. 바쁘지 않게 충분히 누리는 시간을 가진다. 그래야 아쉬워서 또다시 찾을 수 있다.

중학교 2학년이 되면서 정관으로 전학을 간 정원이는 바람대로 새로운 친구들을 많이 사귀었다. 창녕에서 다녔던 영산 중학교는 전교생을 다 모아도 200명 내외였다. 전학 간 모전 중학교는 한 학년에 열 개 반이었으니 300명이 넘는 친구들과 함께 학교생활을 했다. 3학년 반 편성을 기다리며 이렇게 이야기했다.

"엄마, 3학년 때는 모르는 애들하고만 같은 반이 되었으면 좋겠어."

왜냐고 묻는 나의 말에, 원래 알던 친구들은 이미 잘 알고 친하니, 잘 모르는 친구들이랑 같은 반 되어서 새로 사귀면 좋겠다고 했다. 왜 여행이 좋으냐고 물으면, 새로운 사람들을 만나고, 새로운 음식들을 먹을 수 있는 게 좋다고 말하는 정원이다. 원래 알고 있는 편안함보다는 낯선 것을 더 즐긴다.

정원이는 걱정이 많은 아이였다. 놀이방에 있는 볼풀에 들어갈 때도 발을 넣어 깊이를 가늠하고서야 풍덩 뛰어들었다. 여행하면서는 모든 게 처음이었다. 새롭고 낯선 것이 당연한 일상이니 오히려 그것을 즐길 수 있게 되었다. 늘 똑같은 환경이 주는 안정감보다는 새로움이 주는 설렘과 그 느낌을 선택하는 기쁨을 알게 된 것 같다.

여행하면서 유연한 태도가 길러졌다. 화를 쉽게 내거나 짜증을 내는 일도 거의 없다. 아주 가끔 기분이 안 좋다고 말할 때가 있지만, 얼마 안 지나서 금방 괜찮아졌다고 이야기한다. 나는 앞으로도 정원이를 안전한 곳에만 두지 않고, 새로운 환경에서 더 많은 경험을 할 수 있는 기회를 주려고 한다. 부모가 미리 막아주고 해결해 주기보다는 스스로 방법을 배우도록 하는 편이 낫다. 여행 경험이 힘든 순간을 이겨내는 데 큰 힘이 될 것이다.

여행은 새로운 세상을 경험하게 하고 아이를 더 유연하고 강하게 만든다. 익숙한 것에 머무르는 대신 낯선 것을 즐기며 성장할 수 있도록 기회를 가능한 한 자주 많이 가지는 것이 좋다. 부모가 모든 것을 해결해 줄 수는 없지만 아이가 스스로 부딪히고 해결하는 법을 배우도록 도울 수는 있다. 결국, 여행에서 배운 경험은 삶의 어떤 도전 앞에서도 나아갈 수 있는 힘이 될 것이다.

너무 빠른 세상,
너무 느린 교실

　프랑스 시인 장 주네(Jean Genet)는 '세상은 당신이 상상하는 것보다 빠르게 움직인다.'라고 말했다. 간단하면서도 심오한 그의 말에는 여행에서 배운 진실이 담겨 있다. 세상은 끊임없이 변화하는 교실이었다. 생동감 넘치고, 즉각적이며, 강렬하게 기억에 남는 수업을 제공했다. 유연성과 적응성은 여행하는 동안 우리에게 꼭 필요한 기술이다.

　2016년 여름, 남아공으로 가족여행을 떠났다. 한국에서 북경을 거쳐 거의 하루 만에 남아공 요하네스버그에 이른 아침에 도착했다. 정원이는 긴 비행이었음에도 피곤해하지 않았다. 남편과 정원이는 계속 장난치며 긴 입국심사 줄에 서 있었다. 모처럼 함께하는 가족여행에 신이 난 채였다.

　직원이 다가와 서류를 요구했다. 우리가 가족임을 증명할 수 있는 서류가 필요하다고 했다. 다시 말해 미성년자인 정원이의 부모가 우리가 맞는지를 확인이 필요하다는 것이다. 남아공은 벌써 세 번째 방문이었지만 정원이와 함께하는 여행은 처음이라 서류를 미처 생각하지 못했다. 정신이 번쩍 들었다. 난감한 상황이었다. 직원에게 남편과 정원이 얼굴을 잘 보라고 했다. 두 사람은 너무나 닮은 붕어빵이다. 누가 봐도 '아빠와 아들' 아니냐고 우겼다. 통할 리 없었다. 정원이도 심각한 분위기를 알아차리고 장난을 멈추었다.

시계를 보았다. 한국시간으로 오후 1시였다. 아버지에게 전화해서 상황을 간단히 설명하고, 동사무소에 가 서류를 떼서 사진 찍어 보내달라고 부탁했다. 입국심사대의 긴 줄이 모두 없어질 때까지 우리는 기다렸다. 1시간쯤 후 서류가 사진으로 왔다. 1분도 안 걸려 서류를 휘리릭 보더니 우리 가족의 여권에 입국 허가 도장이 찍혔다. 그 이후로 나의 여권에는 항상 가족임을 증명하는 서류가 끼워져 있다. 어디를 가더라도 자신 있게 이야기한다. "내 아들이에요."

우리는 예상치 못한 상황에서 빠르게 해결 방법을 찾아야 했다. 이 경험은 아들에게 유연성과 빠른 사고의 중요성을 보여주었다. 어떤 일이든 일어날 수 있고, 해결 방법도 있다는 것을 알게 해 주었다. 지금이라면 스마트폰에서 간단한 인증을 통해 서류를 발급받을 수 있으니 정말 아무 일도 아닌 일이 됐지만 말이다.

　남아공에서 2주간의 여행을 잘 마쳤다. 공항에 여유롭게 도착해 수속을 마치고 탑승구 쪽으로 갔다. 시간이 충분했기에 가는 길에 면세점도 들르고, 간단히 음식도 먹었다. 긴 비행을 위해 남편에게 담배도 피우고 오라고 했다. 담배를 피우고 온 남편과 함께 다시 탑승 게이트 쪽으로 걸어갔다. 사람들이 보이지 않았다. 보딩패스를 다시 확인했다. 탑승 게이트를 잘못 찾아온 건 아니었다. 정리하고 있는 직원들만이 보였다. 시계를 보았다. 탑승 시간이 아직 지나지 않았다. 직원들에게 보딩패스를 보여주며 타야 한다고 말했다. 하지만 안된다는 답변뿐이었다. 닫힌 비행기의 문을 다시 열리지 않았다. 비행기를 놓쳤다. 남편은 직원들을 향해 소리 지르고 화를 냈다. 소용없었다. 정원이를 보자 화난 남편과 멍하니 있는 엄마 사이에서 눈치를 살피고 있었다. 소리를 지르려는 남편의 다리를 작은 손으로 잡았다.

"아빠 괜찮아, 비행기는 벌써 떠났잖아. 엄마가 방법을 찾을 거야. 엄마 그렇지?"

정원이의 행동에 남편은 정지 화면이 되었다. 3학년밖에 안 된 아들이 남편을 진정시키고 있었다. 그간 나와 여행하며 크고 작은 사건들을 많이 경험한 정원이의 내공이었다. 맞다. 이미 떠난 비행기는 내 통제력 안에 있는 일이 아니다. 내가 해야 할 일은 다음 스텝이다.

항공사 카운터를 가장 먼저 찾아갔다. 상황을 설명하고 다음 날로 항공권을 조정했다. 하루에 한 편밖에 없는 비행기이니 다음날 비행기를 타야 했다. 다행히 세 자리를 잡을 수 있었다. 공항에 내려주고 간 친구에게 전화했다. 다시 공항으로 데리러 오라 하니 큰 소리로 웃었다. 친구는 긴 얘기 하지 않았다.

비행기에 실은 우리 짐을 찾아야 했다. 비행기를 놓친 경우는 처음이라 어디서 짐을 찾아야 하는지 몰랐다. 직원들에게 물어물어 수화물 찾는 곳으로 갔다. 도착했을 때처럼 똑같이 벨트에 실려 나온 짐을 찾아 유유히 공항 건물 밖을 나왔다.

친구가 기다리고 있었다. 몇 시간 동안 난리법석을 떨며 지친 우리 가족을 위해 인도 식당에 데려가 주었다. 꼭 가봐야 하는 맛집인데 잘됐다며 같이 웃었다. 집으로 가서 몇 통의 전화를 더 해야 했다. 비행기를 놓치는 바람에 연결되는 일정도 모두 꼬여 버렸다. 한국으로 돌아가는 길에 홍콩에 들렀다가 갈 예정이었다.

긴 체류 시간을 활용해서 디즈니랜드에서 시간을 보내고 야간 비행기로 한국으로 돌아가는 계획이었다. 다행히 디즈니랜드 입장권도 날짜 변경할 수 있었다. 이 모든 과정을 정원이가 지켜보고 있었다. 궁금해하는 것에 대해 차근차근 설명해 주었다. 어떤 일이 일어났을 때 "너는 몰라도 돼."라는 말을 하지 않는다. 천천히 알아듣도록 설명한다. 때로는 정원이의 의견을 묻기도 한다. 상황이 다급할 때는 우선 해결하고, 나중에 이야기하기도 한다. 세상일은 예측할 수 없으며 변화하는 상황에 적응하는 능력이 삶의 필수 기술이라는 것을 배웠을 것이다.

여행은 또한 기술 발전의 빠른 속도를 경험할 수 있게 한다. 크루즈 여행하며 최첨단 기술이 탑재된 배를 경험했다. 사람이 하는 서비스가 점점 줄어들고, 무인 시스템으로 진화되어 가는 것을 체감했다. 2년 전에 탔던 '로열캐러비언의 하모니오브더 씨'에서는 로봇 팔 바텐더가 만들어주는 음료를 마셨다. 매일 밤 캐빈으로 배달되는 신문이 사라지고 모바일 앱으로 일정을 확인했다.

번역, 플랫폼 택시, 배달 서비스, 지도 등의 서비스를 모바일과 연동하여 자유자재로 이용하며, 여행을 쉽고 편하게 하는 방법을 자연스럽게 익혔다. 많은 부분이 여행 방식을 바꾸고 있었다. 최신 정보를 유지하고 새로운 기술에 적응하는 것이 필수적이다.

여행 경험을 통해 세상이 끊임없이 변화하는 교실이라는 것을 알게 되었다. 여행을 통해 우리는 세상에 대해 배울 뿐 아니라 빠르게 변화하고 상호 연결된 환경에서 번영하는 방법도 배운다. 여행의 교육적 가치를 수용함으로써 우리는 절대로 멈추지 않는 세상에 적응하고 성공할 수 있는 기술과 지식을 갖추게 될 것이다.

세상은 멈추지 않고 변화하며 여행은 그 변화를 배우는 가장 생생한 교실이다. 예상치 못한 상황 속에서 해결책을 찾고 새로운 기술을 익히며 빠르게 적응하는 법을 배운다. 중요한 것은 변화를 두려워하지 않고 유연하게 받아들이는 태도다. 여행을 통해 세상을 배우고 변화 속에서 성장하는 법을 익힌다면 어디서든 길을 찾아 나갈 수 있다.

대체 불가능한 아이로
키우기 위한 여행 수업

　AI 기술 발달은 많은 직업과 일상생활을 변화시키고 있다. 이러한 기술 발전에도 불구하고 대체할 수 없는 사람의 특징은 변하지 않았다. 자기 주도적 학습과 호기심, 도전 정신 등은 미래 인재가 반드시 갖추어야 할 자질이다. 여행을 통해 이러한 자질들이 길러졌다. 여행을 많이 다닌 정원이는 어디를 다시 가고 싶냐는 질문을 자주 받는다. 몇 번이고 물어도 멕시코라고 답한다.

　"멕시코요. 다시 꼭 가야 해요. 거기 가서 꼭 하고 와야 할 것이 있어요."

　정원이의 답을 듣고 멕시코 여행을 떠올렸다. 2017년 1월 로스앤젤레스에서 출발하는 크루즈를 타고 멕시코 여행을 했다. 크루즈 여행 중 기항지에 내리면 지역 관광을 한다. 멕시코 크루즈의 기항지는 유럽 크루즈처럼 돌아볼 관광 명소가 많은 도시가 아니다. 자연환경을 그대로 누리는 휴양지라, 관광보다는 체험을 주로 한다.

멕시코 할리스코주에 있는 휴양 도시 푸에르토 바야르타에 기항하는 날이었다. 우리는 '노갈리토 에코 파크'로 집라인을 타러 갔다. 열한 번의 집라인을 타고 산을 건너는 코스였다. 정원이와 함께 집라인을 타기 시작했다. 처음 타 보는 집라인이었지만 안전 요원들이 함께했기 때문에 어려움은 없었다. 마지막 코스를 앞두고 열 번째 라인 중간에서 정원이가 멈추었다. 집라인의 중간에 머물러 있는 정원이에게 안전 요원이 갔다. 다리로 정원이의 다리를 감아서 안고 내가 있는 쪽으로 데리고 왔다. 정원이는 사람들이 모두 도착할 때까지 아무 말 없이 내 옆에 서 있었다. 마지막 라인은 600m였다. 정원이를 바라보았다. 아직도 굳은 표정이었다. 계속할 수 있겠냐고 물었다.

"엄마, 그만하고 싶어."

공포를 느낀 것 같았다. 집라인을 시작할 때처럼 신이 난 얼굴이 아니었다. 끝까지 해내야 한다고 밀어붙이고 싶지 않았다.

"엄마는 마지막 코스까지 타고나서 우리는 점심 먹는 곳에서 만날까?"
"응. 엄마, 내가 기다리고 있을게."

나에게 마지막 코스까지 다 마치고 오라고 했다. 얼굴을 보니 줄에 매달려 있을 때보다는 조금 나아진 듯했다. 정원이는 안전 요원을 따라 산 정상에 있는 레스토랑으로 차를 타고 올라갔다. 나는 마지막 코스의 줄을 타고 건너편 산 아래로 내려갔다. 기다리고 있던 당나귀를 타고 다시 정산에 있는 레스토랑으로 올라왔다. 레스토랑에서 기다리고 있던 정원이가 뛰어나왔다. 당나귀를 타고 올라온 것이 부럽다고 했다. 긴장은 다 풀린 것 같았다. 기분이 좋아 보였다. 나초와 케사디아로 점심을 먹으며 투어를 마무리했다.

이후 통영에 집라인을 타러 갈 기회가 있었다. 정원이는 해보겠다고 올라가서는 끝내 타지 못하고 내려왔었다. 높은 곳에 대한 공포가 있다고 했다. 정원이는 높은 곳에 올라가는 놀이기구도 무서워했다. 그러다 초등학교 고학년이 되면서 친구들과 한두 번 경험 하더니, 이제 높은 곳에 올라가는 것을 더 이상 무서워하지 않게 되었다.

"엄마, 그때 멕시코에서 왜 집라인 끝까지 타라고 안 했어?"
"네가 너무 무서워하는데, 그러라고 할 수 없었어. 재미있으라고 타는 건데, 무서운 기억이 되면 안 되잖아."
"맞아, 엄마가 억지로 타라고 했으면 정말 힘들었을 거야. 그런데 다 끝내고 나도 당나귀 타고 올라오고 싶었는데, 너무 아쉬워, 그래서 다시 거기 가야 해."

왜 정원이가 멕시코에 다시 가고 싶어 하는지 이유를 알게 되었다. 정원이에게 끝내지 못한 집라인이 숙제처럼 남아 있었다. 하지만, 내가 그때 했던 결정에는 후회는 없다. 정원이는 내가 상상하는 것보다 더 두려워하고 무서워할 수도 있다. 대개는 '한번 시작했으면 무조건 끝을 내야 한다.', '남자면 겁내면 안 된다.', '포기하면 안 된다.', '해보면 다 괜찮다.'라며 계속하기를 강요한다. 다 괜찮아지지 않는다. 남자라도 무서운 거 있을 수 있다. 포기한다고 해서 실패하는 게 아니다. 도전에는 성공 아니면 성장의 결과가 있을 뿐이다.

정원이는 멕시코를 꼭 다시 찾을지도 모른다. 어쩌면 또 비슷한 경우가 생겼을 땐 후회하지 않기 위해서 용기를 내 볼지도 모른다.

지난여름 그리스 요트 여행에서 정원이는 또 한 번의 기회를 만났다.

키티라 섬에 도착해서, 수영할 수 있는 바다 쪽으로 걸어갔다. 모래나 자갈이 있는 해변이 아니었다. 사람들은 바위에 타월을 펼치고 쉬거나 더 높은 바위 절벽에 올라가 다이빙을 하고 있었다. 정원이와 나도 물 가까운 곳에 자리를 잡았다. 정원이는 아이들이 절벽에서 뛰어내릴 때마다 시선을 옮겨가며 바라보고 있었다. 나도 함께 구경했다. 정원이는 자리에서 일어나더니 선글라스와 볼캡을 나에게 주고 바다로 들어갔다.

"엄마, 나도 다이빙하고 올게."

물의 깊이, 뛰어내릴 곳의 상태를 살피더니 절벽 위쪽으로 올라갔다. 절벽을 바라보고 있던 나에게 손을 흔들고, 뛰어내렸다. 물 안으로 깊이 들어갔다가 나오는 정원이의 얼굴을 보았다. 웃고 있었다. 만족스러운 표정이었다. 이후 몇 번을 더 뛰어내리고 우리는 다시 요트로 돌아갔다. 저녁 먹으면서 정원이가 말한다.

"엄마, 나 아까 다이빙 정말 잘한 것 같아. 안 하고 왔으면 또 후회했을 거야, 집라인 때처럼."
"응, 너 오늘 정말 멋졌어. 엄마가 영상 다 찍어 놨잖아."

먼저 부추기지 않았다. 정원이의 결정을 기다렸다. 그리고 응원해 주었다. 경험은 또 다른 경험을 만든다. 아쉬움이 있어야 도전할 수 있다. 정원이는 멕시코에서 멈췄던 집라인을 기억하며 도전할 기회를 스스로 찾았고 결국 그리스 절벽에서 뛰어내리며 한계를 넘어섰다. 멕시코의 숙제는 이제 잊어도 될 것 같다.

처음에는 겁먹고 주저하다가 점차 자신감을 가지고 해내는 모습을 보았다. 성장한 정원이 모습이 거기 있었다. 이러한 도전 정신은 앞으로의 삶에서도 큰 자산이 될 것이다.

도전에는 성공 아니면 성장이 있을 뿐 실패는 없다. 중요한 것은 두려움을 극복하고 다시 시도하는 용기다. 경험은 또 다른 경험을 만든다. 도전하는 사람만이 성장할 수 있다. 그런 사람만이 세상에서 대체할 수 없는 존재가 된다.

 지구 한 바퀴, 마음 두 바퀴

최근에 아이가 원하지 않는 일을 억지로 시킨 적 있나요?
아이가 무섭고, 어렵다고 할 때 어떻게 대했는지 떠올려 보세요.

교실 밖에서 만나는 진짜 세상

정원이는 초등학교 1학년을 두 번 다닐 뻔했다. 내 일정을 중심으로 여행을 계획하다 보니 결석을 많이 했다. 초등학교는 체험 학습으로 결석 가능한 일수가 한 학년당 60일이었다. 대학교수로 재직하던 시절, 방학이 시작되면 긴 여행을 떠났다. 대학의 방학과 초등학교의 방학 기간이 다르다는 것을 망각했다. 겨울 방학을 한 달 정도 남겨두었을 때였다. 정원이의 담임 선생님에게 전화가 왔다. 혹시 겨울 방학이 시작되기 전 또 여행 계획이 있는지 내게 물었다.

"정원이 결석이 3일 이상 넘어가면 유급됩니다."

그날 이후로는 학사일정을 미리 달력에 표시해 두고 여행 일정을 잡았다. 초등학교는 무사히 6년 만에 졸업했다.

대학의 첫 전공이 불어였다. 필립이라는 원어민 교수님이 내가 최초로 대화를 나눈 외국인이었다. 교수님을 통해 교과서와 시청각 자료로 프랑스를 배웠다. 인터넷이 널리 보급되기 이전이었기에 지금처럼 외국 소식을 빠르고 쉽게 알 수 없었다.

나의 첫 해외여행은 스물두 살 때였다. 또래 친구들에 비해 빠른 편이었던 것 같다. 졸업 후 호텔경영학과로 편입했다. 미국에서 공부하고 온 연경녀 교수님 덕분에 그곳의 이야기를 자주 들었다. 우리나라 최초의 벨보이에서 코오롱 호텔 사장까지 지내고 학교로 오게 된 오문환 교수님의 이야기는 언제나 흥미로운 서양 문화 이야기였다.

호텔경영학을 전공하면서 서양의 음식과 술, 그것을 먹고 마시는 사람들, 그들이 사는 곳 등 모든 것이 궁금했다. 영화를 보고 책을 읽으며 그곳으로 여행가는 시간을 상상했다. 대학 3학년 때 떠났던 35일간의 유럽 배낭여행으로 물꼬가 트였다. 책과 영화에서만 보던 음식들을 먹어보고 다양한 언어를 쓰는 사람들 속에 있는 것이 신기했다. 더 많이 여행하고 싶어졌다. 어떻게 하면 외국으로 나갈 기회를 만들까를 궁리했다.

대학 3학년 때 클럽메드 리조트에 지원했다. 영어 실력이 부족해서 인터뷰에서 떨어졌다. 같이 면접 보고 합격한 선배들이 발리와 푸켓으로 각각 출발하는 것을 보고 부러워해야만 했다. 1년 후 다시 지원했다. 영어 공부를 위해 매일 아침 교육 방송 라디오를 들었다. 라이브로도 듣고 카세트테이프로도 들었다. 4학년 1학기 기말고사가 시작되기 전 서울에 가서 인터뷰를 보았다. 영어로 질문받고 답하였다. 여전히 유창한 상태는 아니었지만 합격했다. 영어 실력은 현장에서 일하면서 점점 나아졌다. 물론 수많은 실수와 서러움으로 눈물 흘린 수많은 시간이 있었기에 가능한 일이었다.

1학기 기말고사를 치고 말레이시아 쿠알라룸푸르로 출발했다. 내가 가야 하는 곳은 콴탄 섬이었는데, 일단 말레이시아로 가서 비행기를 갈아타야 했다. 한국에서 같이 출발하는 이들이 몇 명 있었다. 우선은 두 달간의 연수 과정을 위해 가는 것이었다. 연수를 잘 마치면 근무할 지역이 정해진다고 했다. 조기 취업으로 처리하고 더 오래 있고 싶었다.

바와 레스토랑을 오가며 일을 배웠다. 영어와 불어를 공용어로 쓰는 리조트였기 때문에 편입 전에 배운 불어가 조금 도움 되었다. 가장 많이 듣는 언어는 영어와 불어였다. 유창하게 말할 수는 없었지만 눈치껏 상황을 봐가며 소통했다. 그 외 이탈리아, 스페인, 포르투갈, 그리스, 이스라엘 등의 유럽인이 있었다. 영어만 쓰는 미국, 캐나다, 호주, 뉴질랜드, 영국, 남아공에서 온 친구들도 있었다. 아시아 국가는 말레이시아, 인도네시아, 태국, 필리핀, 일본, 중국, 타이완, 홍콩, 싱가포르 등이었다. 그리고 프랑스의 식민지였던 남태평양의 섬나라에서 온 친구들도 있었다. 모리셔스, 타히티, 등 지도에 점처럼 찍혀 있는 나라들이었다.

부루마불 보드게임을 하면서 알고 있던 나라, 지리 교과서에서만 보던 나라의 사람들과 함께 살아가는 것이 리조트에서의 생활이었다. 매일 신났다. 당시의 클럽메드는 쉬는 날 없이 근무하던 시스템이었다. 대신 하루 근무 시간이 길지 않았다. 4시간에서 6시간 정도였던 걸로 기억난다. 오전과 오후 나누어 3~4시간씩 일하고 나머지 시간을 리조트에 온 손님들과 어울리며 지내는 것이 일이었다.

　매일 아침 월요일부터 토요일까지 출근하던 아버지의 모습이 내가 아는 일의 전부였다. 문화 충격이었다. 한국 직원들은 대부분 은행, 리셉션, 부티크, 미니클럽, 관광 등의 부서에서 일했다. 리조트에 일하면서 스포츠팀에 있는 친구들이 제일 부러웠다. 그들은 일을 한다기보다 자기들이 좋아하는 스포츠를 즐기고 있었다. 그것을 손님들과 함께했다. 수영, 테니스, 골프, 요트, 서핑, 스노클링 등 몸으로 하는 것에 재능이 있으면 스포츠팀으로 일할 수 있었다, 공연팀도 마찬가지였다. 춤추고, 노래하고, 연기하며 지냈다.

　전 세계 클럽메드를 돌면서 그렇게 살아가는 사람들도 있었다. 어느 부서이건 어떤 일이든 모두의 쓰임이 있었고, 그 일을 재미있게 하는 사람들이 있었다. 스물네 살이 될 때까지 내가 알고 있던 나라, 직업, 언어의 수보다 두 달간 경험하고 알게 된 것이 훨씬 많았다.

　클럽메드 근무 경험은 내 인생의 방향을 정하는 데 중요한 역할을 했다. 대학 졸업도 하지 않은 채 일하게 되었던 첫 번째 직장이었다. 리조트에서 만나는 사람들의 외모, 언어, 생각 모두가 신선했다. 나와 다른 사람들이 한두 명이 아니었다. 모두가 달랐다. 각자가 다르지만 그렇게 어울려 살아가는 모습이 좋았다. 1년을 일하고 한국으로 들어왔다. 말도 생각도 다른 사람들과 지냈던 경험이 나를 강하게 만들었다.

　정원이가 한국말 다음으로 배운 인사말이 스페인어인 '올라'였고, '아구아'였다. 경기를 잘했다고 하이파이브 해주는 프랑스인 형을 만났고, 자신보다 작고 어리지만 2m 깊이에서 자유롭게 수영하는 이탈리아에서 온 동생을 만났다. 비행기, 공항, 크루즈, 길거리, 시장 등에서 새로운 일을 하고 있는 사람들을 만날 때마다 정원이가 되고 싶은 것이 달라졌다. 일과 직업에 대한 편견 없이 바라보았다. 해 보고 싶은 것도 많다고 했다.

정원이는 다양한 관점으로 친구들을 바라본다. 어떠한 현상을 대할 때도 유연함이 있다. 긍정적인 태도는 여행으로 키워졌다. 새로운 친구들, 안 해본 것, 안 먹어본 것을 경험하는 걸 좋아한다. 교실 밖에서 만난 세상 덕분이다. '다름'을 '틀림'으로 보지 않을 수 있게 되었다. 내가 알고 있는 하나가 다른 것을 비교하는 잣대가 아니다. 새로운 것을 만나면 또 다른 하나를 알게 되었다고 생각한다. 매번 같은 것에만 머물러 있는 것을 좋아하지 않는다. 정원이의 전학에 가장 중요한 이유이기도 했다. 아이는 더 많은 친구를 만나보고 싶어 했다. 더 많은 종류의 운동을 하고 경험해 보고 싶다 했다.

세상은 교실 밖에서 더 넓게 펼쳐지고 있다. **직접 보고, 듣고, 경험한 것만이 진짜 내 것이 된다. 다양한 세상을 만나고, 다름을 자연스럽게 받아들이며, 스스로 선택하고 도전하는 법을 배우는 것이 중요하다. 인생에 정답은 없다. 중요한 것은 과정 자체를 즐길 줄 아는 것이다.** 어떤 길을 선택하든, 그 여정을 존중하고 응원할 것이다.

함께 만들어가는 성공과 협업의 가치

지난 10년간 정원이가 한 여행의 대부분은 여러 사람들과 함께하는 여행이었다. 정원이가 초등학교 1학년이 되던 해부터 운영해 오고 있는 여행클럽이 있다. 아이만을 고려하면서 여행을 다니지는 않았다. 여행 회원들을 위한 여행에 정원이가 나의 룸메이트로 동참했다. 아이만을 위한 코스는 없다. 아이만을 위한 메뉴도 없다. 정원이를 나의 아들로만 대하지 않았다. 오히려 여행을 리드하는 엄마의 짝꿍으로 어디서든 먼저 문제를 만나야 했고, 더 오래 기다려야 했다.

정원이는 나의 여행 파트너이자 함께 여행하는 사람 중 한 사람이었다. 여러 사람이 함께 여행할 때에는 내 한 몸 잘 챙기는 것이 중요하다. 더 나아가 다른 사람을 위해 할 수 있는 일을 해주면 좋다. 나와 함께 여행 갈 때 총무를 자처해 주는 이들이 있다. 내가 현장에서 신경 써야 할 일이 많은 것을 알고 미리 그렇게 해주니 고맙고 미안하다. 그런 사람들의 수고 덕분에 다른 사람들이 조금 더 편할 수 있다. 모두가 이런 마음이라면 그 여행은 성공이다.

내가 하는 일 중에서 정원이가 할 수 있는 일을 찾아주려고 했다. 정원이는 아침에 일어나서 날씨를 알린다. 내가 말하는 대로 채팅방에 받아쓰고 전달했다. 조금 크면서 날씨 애플리케이션에서 찾은 현지 날씨 정보를 그룹채팅방에 올렸다. 모인 사람들의 조별 인원 파악을 하는 일도 했다. 여행이 시작되기 전 채팅방의 이름과 얼굴을 익히기 위해 예습한다. 현장에서 숫자를 세다가 헷갈려서 몇 번을 다시 세기도 했다.

여든 명의 회원과 몰타에 갔을 때이다. 정원이는 여든 명이 호텔 체크인하는 것을 기다리다가 로비 소파에서 잠들었다. 누군가 방이 마음에 들지 않는다고 로비로 내려와 소리를 질렀다. 유럽의 서비스는 느리다. 한국 사람들은 '빨리빨리'에 익숙해서 기다리는 것을 힘들어한다. 아직 방을 받지 못하고 기다리는 사람들도 있었는데, 먼저 들어간 사람이 그랬다. 모두가 말없이 서로의 얼굴을 쳐다보았다. 결국 3시간이 넘게 걸려 체크인을 모두 끝냈다. 몰타에 도착하기까지 두바이 체류 시간을 포함해서 거의 하루가 걸린 셈이다. 방에 가지도 못하고 로비에서 보낸 시간을 더하니 하루가 넘었다.

정원이와 짐을 챙겨 방으로 갔다. 먼저 방을 받아 올라간 사람에게 연락이 왔다. 방을 자기와 바꾸자고 했다. 고생하는 나와 정원이를 위한 배려였다. 정원이가 열 살이 되기 전까지는 나와 방을 둘이 쓰거나 친한 사이인 경우 세 명이 쓰기도 했다. 몰타에서는 단아 선생님과 함께 지내는 거였는데, 그것을 알고 조금 더 넓고 좋은 방을 나에게 준 것이다. 발코니가 달린 코너 방이었다. 고마운 마음을 기꺼이 받았다. 그렇게 첫날밤을 편안하게 보내나 했는데, 정원이가 밤새 열이 났다. 여행 다니면서 아픈 건 처음이었다. 해열제를 먹이고, 열이 내리기를 기다렸다. 정원이는 깊이 잠들지 못하고 자주 깼다. 한밤중에 깨서는 엉엉 울었다. 아프고 힘들어서 그런가 보다 했다.

"엄마, 내 엄마만 하면 안 돼? 대장하지 말고 그냥 내 엄마만 했으면 좋겠어."

이리저리 뛰어다니며 해결하고 사람들을 대하고 있는 엄마를 보는 게 힘들었던가 보다. 조용히 앉아 기다리고 있는 줄 알았다. 기다리며 용을 쓴 모양이었다. 그래서 병이 난 것이다. 울고 있는 정원이를 한참 동안 안아주었다. 내 엄마만 하면 안 되냐는 말에 나는 안 된다고 했다.

"미안해, 정원아. 그럴 수는 없어. 엄마만 믿고 따라온 사람들인데, 그럴 수는 없잖아. 엄마가 영어도 조금 더 잘하고, 여행도 더 많이 해 봐서 사람들을 도울 수 있는 거야. 정원이가 엄마를 도와주면 좀 더 잘할 수 있을 것 같아."

그렇게 아이는 밤새 앓았다. 아침이 되니 다행히 열은 내렸고, 정원이의 기분도 한결 좋아진 듯했다.

"엄마, 내가 뭘 할까? 어떤 거 도와주면 돼?"

그날 이후로 우리는 팀이 되었다. 할 수 있는 일을 스스로 찾거나 나에게 물었다. 영어를 배우고, 번역 앱을 사용할 줄 알게 되면서 정원이가 혼자 사람들을 도와주는 일도 가능해졌다. 내가 사람들과 있는 동안, 혼자서 분실물을 찾으러 가기도 했다. 호텔이나 크루즈에 도착한 첫날에 수영장이나 식당 등의 시설을 먼저 파악하고 우리에게 알려준다. 호텔에 도착하면 여권을 방별로 걷어서 나에게 준다. 호텔의 와이파이를 물어보고 체크인을 기다리는 동안 모두 세팅할 수 있도록 돕는다. 엘리베이터가 없는 유럽의 기차역과 호텔을 오가며 체격이 작은 이모들의 캐리어를 함께 옮긴다.

여행 경험이 많아지고, 키와 덩치가 커질수록 할 수 있는 일들이 늘어났다. 여행을 가면 '정원아! 정원아!' 여기저기서 정원이를 부르는 소리가 들린다. 어른들의 부름에 응하는 정원이를 살핀다. 간혹 본인이 할 수 있는 일인데도 정원이에게 맡기려는 어른들이 있다. 그것은 내가 막아준다. 할 수 없는 일을 알려주고 도와주는 것이지 남의 일을 대신 해야 하는 것은 아니다. 너무 힘들면 안 해도 된다고 이야기해 준다. 자신의 기분을 알아주어야 한다. 다른 사람들을 위한다고 나에게 미안하게 해서는 안 된다. 기분 좋게 할 수 있는 만큼만 해야 한다. 그래야 계속할 수 있다.

정원이는 학교 다니는 내내 반장, 부반장, 부회장, 학생회장을 했다. 그렇게 하라고 시킨 적은 없다. 다만 '할 수 있는 것이면 해야 한다.'라고 말한다. 내가 가진 모든 재능과 에너지는 나를 위해 쓰고, 다른 사람을 위해서도 쓸 수 있어야 한다. 나에게 주어진 것은 나만을 위한 게 아니다. 사람마다 가진 재능이나 능력이 다르다. 나에게 없는 것을 가지려 애쓰지 말고 이미 내가 가지고 있는 것을 잘 사용하고 나누라는 의미다.

 부산으로 전학 가서는 스포츠 클럽에 지원해 선수로 활동했다. 축구, 배구, 배드민턴 클럽의 학교 대표선수였다. 축구는 후보선수였다. 창녕 영산에서는 공 좀 차던 실력이었는데, 정관에 가니 아이들 실력이 월등히 좋았다. 선수 출신도 있고, 주말마다 축구클럽에서 따로 기술을 배우는 친구들도 있었다. 초등학교 때부터 꾸준히 실력을 쌓아온 아이들이 이미 팀을 이루고 있었다.

 1학년 때의 경기성과를 가지고 있지는 않았지만, 체육 선생님의 눈에 띄어 후보선수로 합류하게 되었다. 정원이는 후보선수 생활을 즐겼다. 주전 선수들이 뛰는 전·후반 내내 큰소리로 응원을 이끌었다. 그러다 종료 15분 전쯤에 투입되어 열심히 달린다. 쉬는 시간이면 물과 음료를 들고 선수들을 향해 뛰어나간다. 실력이 좋은 친구들에게 코치를 받기도 한다. 경기장 안이든 경기장 밖이든 자신의 역할을 해내고 있었다.

 학교의 축구팀이 부산에서 승리해 대표팀으로 경기도에 원정경기를 다녀왔다. 아이들이 너무 바라던 일이었다. 학기 중에 학교 지원을 받아 다른 지역으로 부모 없이 떠나는 여행이었다. 함께 만들어낸 성공이었고, 자유였다. 또 3학년 때는 교내 축구대회의 심판으로 선출되었다. 화내지 않고 차분하게 사람들을 대하는 태도 덕분에 심판이 되었다고 했다. 경기 중 판정을 했을 때 정원이의 말이라면 아이들도 반박하지 않는다는 것이 선생님의 선발 이유였다.

고등학생이 되면서 다시 반장을 하고 있다. "내가 학교생활을 더 재미있게 하려고 그래. 내가 할 수 있는 일이니까 하는 거야."

스스로 쓰임이 될 수 있는 사람이 되고, 그 쓰임을 즐길 줄 아는 삶을 살게 되었다. 여행에서 엄마에게 받은 작은 역할이 씨앗이 되어 정원이를 성장시켰다. 요즘은 혼자 하는 과제보다 팀 활동을 더 좋아한다. 복싱보다 축구를 더 즐긴다. 함께 만들어가는 성공의 기쁨을 아는 것 같다.

함께 만들어가는 성공은 나 혼자 잘하는 것이 아니다. 서로의 역할을 존중하고 기꺼이 돕는 데서 시작된다. 결국, 성공이란 더 많은 사람들과 함께 나누고 성장하는 과정 안에서 더욱 빛난다.

 지구 한 바퀴, 마음 두 바퀴

다른 사람을 도와야 한다고 말해 준 적이 있나요?
내가 할 수 있는 일을 해내고 <u>스스로 자신의 쓰임을 찾을 수 있도록</u> 이야기 나눠 보세요.

인텔리전스보다
엑스텔리전스, 경험의 힘

인공지능의 시대이다. 단순한 지식 축적은 더 이상 중요한 사고력을 대표하지 않는다. 오늘날 우리는 '엑스텔리전스' 시대에 살고 있다. 엑스텔리전스란 이미 존재하는 여러 아이디어를 연결하여 활용할 줄 아는 사고 체계를 이르는 말이다. 엑스텔리전스는 교실 밖에서 특히 잘 발달된다. 여행 중 새로운 환경에서 문제를 해결할 때 외부 정보를 수집하고 활용한다. 이러한 과정을 통해 아이들은 자연스럽게 엑스텔리전스를 연습하게 된다. 전 연세대 총장 김용학 교수는 이를 '생각의 네트워킹'이라 표현하며, 다양한 경험을 통해 깊이 있는 사고력을 기를 수 있다고 강조했다.

정원이는 고등학생이 빨리 되고 싶다고 했다. 그 이유 중 하나가 아르바이트를 할 수 있는 나이가 되기 때문이었다. 그리고 또 하나는 오토바이였다. 사춘기 남자아이의 성장 과정은 별반 다르지 않은 것 같다. 친구, 외모, 새로운 경험 등 그들이 원하는 것을 부모에게 말했을 때, 부모의 반응에 따라 아이들의 태도도 달라진다. 입을 닫기도 하고 좋은 대화를 이어가기도 한다.

중학교 3학년 겨울 방학, 두바이에서 2주간 여행했다. 여행 다녀와서는 '아르바이트 한다.'라고 하니 친구와 친구들 부모들이 한마디씩 한다. 나를 이상한 엄마라고 생각할지도 모른다. 정원이가 무언가를 하고 싶다고 하면, 남편과 나는 모두 들어주었다. 대단히 위험하거나 학생 신분으로 할 수 없는 일을 원한 적은 아직은 없다.

"고등학생 되면 아르바이트를 하고 싶은데, 부모 동의서 써줄 수 있어요?"

처음 면접 보고 와서는 30대 젊은 사장님인데, 큰 고깃집을 하니 성공한 것 같다고 했다. 출근한 지 2주쯤 지나서는 사장님을 걱정했다. 원래 4시간 일하기로 했는데 손님이 없는 날에는 일찍 퇴근해야 했다.

"엄마, 테이블이 스물네 개인데 하루 매출이 70만 원도 안 돼. 우리 사장님 어떡해?

아르바이트에는 긍정적인 면이 여러 가지 있다. 첫째, 하루를 더 활기차게 보낸다. 출근하는 시간이 정해져 있으니, 나머지 시간에 운동하고, 공부한다. 해야 하는 일들의 시간을 만든다. 둘째, 창업을 하고 장사를 한다는 것이 겉으로 보이는 게 다가 아니라는 것을 현장에서 배웠다. 만약 정원이도 장사를 하게 된다면 지금의 경험이 많이 도움 될 것이다. 셋째, 돈이 목적이 아니었기에 단축 근무도 괜찮다고 한다. 오히려 매일 4시간씩 채웠으면 너무 힘들었을 같다고 했다. 본인이 통제력을 가지지 않은 일에 에너지를 쓰지 않고 긍정적이다. 유연하다. 넷째, 일하게 되면서 함께 일하는 사람들과의 관계를 배우고 있다. 새로운 사람을 만나고, 새로운 장소, 새로운 경험을 좋아하는 정원이는 그래서 행복하단다. 마지막으로, 일하면서 자기의 입장은 물론이고, 사장님의 입장, 고객의 입장까지 두루 생각해 보게 되었다.

정원이는 입시, 대학 진학의 필요성을 못 느낀다고 했다. 운동하는 시간이 공부보다 더 좋다고 했다. 나는 좋아하는 것을 더 해 보라고 했다. 모델 학원 다니는 것도 그렇게 시작했다.

부산으로 전학 오면서 영어 학원과 수학 학원을 다니기 시작했다. 공부의 목적도 있었지만, 학교 가기 전에 미리 친구들을 사귀고 싶은 마음도 있었다. 정원이는 학원을 학교처럼 즐거운 놀이터로 생각한 것 같다.

해외로 여행을 많이 다닌 덕분에 영어를 듣는 귀는 열려 있었다. 말하기와 듣기가 편하니 영어가 재미있다고 했다. 영어 학원 선생님도 정원이의 성향을 파악하고 잘 이끌어주었다. 지금까지 잘 다니고 있다. 다른 학원에 다니지 않아 시간이 많았다. 영어를 매일 하러 갔다. 잘하는 것을 계속 더 하니 더 잘하게 되었다. 수학 학원은 3주 만에 그만두었다. 몇 시간을 앉아서 문제를 풀어야 하는 수학이 싫다고 했다. 그러라고 했다.

중학교 다니는 내내 수학 학원은 근처에도 안 갔다.

전기기타와 통기타를 배우러 다녔다. 매일 복싱도 하러 갔다. 학교에서 실컷 뛰어놀고 오니 오후에 집에 와서는 유치원생처럼 1~2시간 낮잠을 잤다. 7시나 8시까지 실컷 자고 일어나 영어 학원을 가고, 운동을 했다. 정원이는 늘 유쾌하다. 화도 없고, 짜증도 없다. 샤워할 때 음악을 들으며 콧노래를 부른다. 집에 있다가 한밤중에도 뛰쳐나가 한참을 달리고 온다.

공부도 다 때가 있다며 공부하지 않는 정원이를 걱정하는 시선들이 있었다. 시도 때도 없이 여행 계획을 세우는 나에게도 그랬다. 맞다. 모든 것에는 다 때가 있다. 정원이는 아직 그때가 안 된 것이라 생각했다. 공부해야 하는 당사자가 때를 정하는 것이다.

고등학생이 되면서 자신의 진로에 대한 고민을 진지하게 하고 있었다. 그런 이야기를 할 때마다 나는 그저 정원이의 이야기를 들었다. 일에 대한 내 생각도 나누었다. 어떤 직업이어야 한다는 한계는 짓지 않았다.

"좋아하는 것을 포기하지 않았으면 해. 만약 그 일로 생계가 해결 안 된다면 돈 버는 일을 하나 더 하면 돼. 그리고 네가 하는 일이 너만이 아니라 누군가를 돕는 일이었으면 해."

간부 수련회를 다녀온 정원이에게 새로운 꿈 이야기를 들었다. 정원이는 학교를 좋아한다. 방학에도 학교에 가고 싶어 한다. 운동이면 가리지 않고 다 해 본다. 새로운 운동을 배우는 것도 좋아한다. 친구들과 함께 운동하는 것을 즐긴다. 중학교 다닐 때 스포츠클럽 활동을 하면서 체육 선생님들과 더욱 친하게 된 것 같다.

"새로운 꿈이 생겼어요. 체육 선생님이 되고 싶어요."

  체육 선생님은 정원이가 좋아하고 꿈꾸는 것이 모두 담긴 직업이다. 담임 선생님과 진로 상담을 했다고 했다. 체육 관련 학과와 체육교육학과의 차이를 분명하게 파악하고 있었다. 체육교육학과를 가기 위해서는 수학 공부를 해서 성적을 올려야 한다는 것도 받아들였다. 꿈을 위해서 하기 싫은 수학 공부를 하기로 마음먹었다. 정원이에게도 그때가 왔다.
  수학 공부를 도와 줄 선생님을 알아봐 달라고 했다. 영어 선생님이 소개해 주었다. 정원이가 먼저 수학 학원 선생님을 만났다. 한번 해 보고 싶다고 해서 내가 선생님을 찾아갔다. 스스로 선택하고 결정한 일이다. 좋아하지 않고 잘할 줄 모르는 수학 공부지만 꼭 이루고 싶은 꿈을 위해 하기로 했다. 그렇게 1학년을 잘 보냈다. 할 만하단다.

"지금이어서 다행이야. 만약 2학년이 되어서 꿈이 생겼다면, 힘들었을 거야. 난 이제부터 수학 문제 풀 줄 아는 사람이야. 한번 해 볼게. 하다가 힘이 들면 엄마한테 말할게."

  학교에서 배우는 지식이 인텔리전스를 키운다면, **교실 밖 세상에서 부딪히며 얻는 경험은 엑스텔리전스를 키운다. 아이에게 필요한 건 스스로**

삶에서 답을 찾아갈 수 있는 '경험의 자유'다. 우리는 그 자유를 믿어주는 부모로 남으면 된다.

 지구 한 바퀴, 마음 두 바퀴

고등학생이 된 아이가 아르바이트를 원한다면 허락할 건가요?
아이가 일을 해보겠다고 하면 어떤 이야기를 해 줄지 생각해 보세요.

나만의 뗏목을 만들어
떠나는 아이

중학교 3학년이 되면서 모델아카데미에 다니기 시작했다. 주말반에 등록했다. 정관에서 대연동에 있는 '섬(SUM)모델아카데미'까지는 대중교통으로 1시간 반 이상이 걸린다. 수업 3시간에 이동시간을 더하면 6시간이 넘는다. 주말 시간 대부분을 할애했다. 버스와 지하철을 타고 가야 하는 번거로움에도 거의 빼먹지 않았다. 좋아하기 때문에 할 수 있는 일이었다. 일단 해 보면 알게 된다. 좋아하지 않는 것을 하지 않는 것. 좋아하는 것을 찾는 방법이다.

정원이는 학원을 다니기 시작한 지 7개월 만에 처음으로 패션쇼 무대에 서게 되었다. 금요일 저녁 학교를 마치고 학원에 갔다. 7시에 학원에서 리허설이 있었다. 리허설 끝나고 밤 9시가 다 되어 전화가 왔다. 검은 목폴라 티셔츠가 필요하다고 했다. 다음 날에 있을 쇼의 기본 의상이었다. 나는 서울에, 남편은 창녕에 있었다. 답답한 마음에 내가 지금이라도 내려갈지를 물었다. 자신이 알아서 해 보겠다고 했다.

정원이는 목폴라 티셔츠를 구할 방법을 찾고 있었다. 우선, 검은 목폴라 티셔츠를 가지고 있는 친구를 파악해 두었다고 했다. 집에 가는 길에 '자라(ZARA)' 부산대학교점에 들러 사는 방법도 생각하고 있었다. 이미 인터넷으로 매장 운영시간도 확인했다. 대연동에서 2호선을 타고 서면에 가서 다시 1호선으로 바꿔타고 부산대역으로 가겠다고 했다. 9시 반쯤이면 도착할 수 있으니 10시까지 운영하는 자라 매장에서 목폴라 티셔츠를 살 수 있겠다는 계획이었다.

자정이 다 되어 집에 도착한 정원이에게 전화가 왔다. 자라에서 구매하고 나오는 길에 더 싸고 괜찮은 목폴라 티셔츠를 다른 가게에서 샀다고 했다. 자라에서 산 것은 반품한다고 한다. 옷은 준비가 되었다. 만약 구매할 수 없었다면 친구에게 옷을 빌리려고 했던 모양이다.

옷을 사고 집으로 돌아오는 길에 정원이는 패션쇼가 열리는 창원 컨벤션 센터 가는 방법을 알아보고 있었다. 지도 앱으로 가는 길을 알아보고 다른 사람들이 어떻게 가는지도 소통했다. 아침 7시까지 사상 터미널에 가야 하니 4시 30분에 깨워달라고 했다. 같이 가는 형에게 돈을 보내 버스표 구매도 이미 마친 상태였다. 만약 할머니가 일찍 일어나서 터미널까지 데려다준다고 하면 6시에 나가면 된다고 했다. 그래도 우선 어떻게 될지 모르니 미리 일어나서 준비하고, 5시에 할머니의 상황을 보고 정하겠다고 했다.

저녁 8시 30분부터 11시 30분까지 3시간 동안 정원이는 스스로 해결 방법을 찾아냈다. 중간에 진행 상황을 전화로 알려왔다. 안심했다. 일의 순서도 방법도 정확히 알고 움직이는 정원이를 지켜보았다. 나의 조언은 필요하지 않았다. 할 수 있다고 말하는 정원이에게 할 수 있도록 지켜봐 주고, 응원해 주는 것이 나의 역할이었다.

정답을 알려줄 수는 없다. 늘 모범 답안만을 찾을 뿐이다. 첫 무대에 서는 정원이를 직접 볼 수 없어 아쉬웠다. 1년을 딱 채우고 나서 모델의 꿈은 잠시 접었다. 새로운 꿈이 생겼기 때문이다. 정원이는 옷을 좋아하고, 멋진 모습의 자신을 사랑한다. 체육 선생님으로 일하며 모델이 된다면 더 멋질 것 같다.

정원이는 지난 10년간 엄마와 여행하며 다양한 사건 사고를 경험했다. 기차도 놓치고 비행기도 놓친 경험이 있다. 물건을 잃어버렸다가 찾기도 했다. 길을 찾지 못해 헤매기도 했다. 끝내 길을 못 찾아 다른 곳으로 가기도 하고, 물건을 두고 온 곳을 알지만 찾으러 갈 수 없을 때도 있었다. 이제 정원이는 웬만한 일에는 놀라지도 흥분하지도 않는다. 처음부터 그렇지는 않았다. 어릴 때는 지금보다 걱정 많고 소심한 성격이었다. '엄마. 만약에 ㅇㅇ면 어떡해?'라는 말을 쉴 새 없이 했다. 어린 정원이에게 나는 이런 말을 몇 번 한 적 있다.

"걱정해서 걱정이 없어지면 걱정이 없겠네."

"우리가 하는 걱정의 대부분은 일어나지 않아. 그리고 어떤 일이든 해결할 수 있고, 그 끝은 있어."

여행이 즐거운 이유와 어려운 이유는 같다. 현지에서는 예측할 수 없는 일들이 항상 일어난다. 내가 잘 아는 길도 아니고, 내가 평소에 함께하는 사람들도 아니다. 새로운 사람을 만나는 것을 즐기는 정원이는 낯선 상황 또한 자연스럽게 받아들이게 된 것 같다. 맞이하게 되는 상황도 해결 방법도 매번 다르다. 일어나지 않았으면 좋겠다는 생각을 가질 시간조차 없다. 현재 내가 할 수 있는 가장 좋은 방법을 찾을 뿐이다. 내가 할 수 없다면 도움을 줄 수 있는 사람을 찾아 해결한다. 여행이 정원이에게 알려준 문제 해결 방법이다.

미래에 필요한 인재는 주어진 틀 안에서만 행동하는 사람이 아니다. 스스로 문제를 발견하고 해결책을 찾아 나가는 능력을 가져야 한다. 과거에는 일정한 지식과 기술만 있으면 안정적인 직업을 가질 수 있었다. 하지만 점점 전통적인 직업의 경계가 허물어지고, 기술이 빠르게 진화하며 문제 해결 방식 또한 달라지고 있다. 인공지능 기술로 단순한 정보 습득을 대신할 수 있게 되었다. 인공 지능으로 대체될 수 없는 창의적 사고와 독립적인 문제 해결 능력이 더 중요해졌다.

현실적으로, 우리가 직면하는 많은 문제를 모두 예측할 수 없다. 학교에서 배운 이론이나 기존의 방법으로 해결할 수 없는 경우가 많다. 아이들이 단순히 교과서 속 지식을 배우는 것만으로는 미래의 도전에 대비가 어렵다. 복잡하고 변화무쌍한 사회에서 성공하기 위해서는 스스로 문제를 발견하고, 새로운 관점에서 해결책을 찾는 능력이 필요하다.

여행은 아이들에게 중요한 배움의 기회를 제공한다. 새로운 환경에서 예상치 못한 문제들을 마주한다. 그 문제를 해결하기 위해 다양한 자원을 활용하고, 그 과정에서 아이들은 스스로 '뗏목'을 만들어 자신만의 길을 찾아가는 능력을 터득하게 된다.

여행을 통해 얻은 이러한 능력은 일시적인 경험으로 끝나지 않는다. 정원이가 청소년기에 접어들면서 여행의 경험은 더 깊이 반영되었다. 지난 10년간 꾸준히 여행을 해오며, 정원이는 새로운 곳에서 매번 자율적으로 문제를 해결하고, 예상치 못한 상황에 직면했을 때도 스스로 해답을 찾아내는 방법을 배웠다. 이제 고등학교 2학년이 된 정원이의 태도와 사고방식은 그동안의 여행 경험이 가져다준 가장 큰 자산이다.

세상이라는 바다에서 누군가는 배를 태워주길 기다리지만, 결국 먼 바다로 나아가는 아이는 스스로 뗏목을 엮어 바람을 맞는 법을 배운 아이이다. 부모의 역할은 그 뗏목을 만드는 손길을 믿고, 묵묵히 지켜봐 주는 것뿐이다.

 지구 한 바퀴, 마음 두 바퀴

아이가 스스로 문제를 해결할 때까지 기다려 주나요?
아이가 자신의 문제를 파악하고 도움을 청하는 기회를 가지도록 기다려 주었는지 생각해 보세요.

실패로 배우는 인생의 지혜

 미래에 필요한 인재는 완벽함을 추구하는 사람이 아니라, 실패를 경험하고 이를 통해 배움을 얻는 사람이다. 실패는 우리에게 부족한 점을 깨닫게 해주고, 더 나은 방법을 모색할 기회를 제공한다. 이는 단순한 성공만으로는 얻을 수 없는 중요한 삶의 교훈이다. 미래에 직면할 수많은 도전 속에서 성공적인 인재로 성장하려면 실패를 두려워하지 않고, 그것을 배우고 성장할 발판으로 삼을 수 있어야 한다. 여행은 이러한 실패의 경험을 자연스럽게 제공하는 배움의 장이다.

 2023년 2월 싱가포르 크루즈 여행을 기획했다. 100명과 함께하는 여행이었다. 대부분의 사람들이 코로나 이후 처음으로 가는 여행이었다. 절반 이상의 사람들은 크루즈 여행이 처음이었다. 가족, 친구들끼리 나누어 열 명 내외로 팀을 짰다. 유모차 타는 어린아이부터 지팡이 짚는 할

아버지까지 연령대도 다양했다.

나도 정원이도 한 번 다녀온 적 있는 코스였다. 전체 일정은 4박 6일. 길지 않고 한 번 가 본 코스이니 큰 걱정 없이 출발했다. 서울, 부산에서 각각 출발한 비행기가 시간차를 두고 싱가포르에 도착했다. 나는 먼저 도착한 팀들과 미리 호텔에 가서 체크인하고 다음 팀을 기다렸다. 한 번에 많은 인원이 로비에 쏟아지듯 들어오면 정신이 없다. 프런트 데스크에 명단을 미리 주고 방을 최대한 빠르게 준비할 수 있도록 했다. 늦은 밤에 도착한 사람들이 기다리는 시간을 지루해할까 봐 웰컴 선물로 싱가포르 스타일의 떡 모둠을 준비했다. 배고프면 짜증 나기 마련이다.

내가 프런트 데스크에서 체크인하고 있는 동안 정원이는 방별로 여권을 모아 나에게 주었다. 기다리는 사람들에게 아침 먹을 식당도 안내하고, 호텔 근처의 편의점도 알려주었다. 그러면서 나의 상황을 살폈다. 100명이 무사히 체크인을 마쳤다. 새벽 2시였다. 정원이와 손바닥을 치고 주먹을 맞댔다.

"잘했다. 아들, 수고 많았어."
"엄마도 수고했어. 아무 일 없이 잘 끝났네."

여행하면서 문제가 자주 생기는 지점들이 있다. 매번 아무 일 없이 그 관문을 통과하기를 바란다. 첫 번째는 공항 체크인 카운터에서다. 성별, 영문명 철자, 생년월일이 틀리는 경우가 있다. 항공사마다 규정과 처리 방법들이 조금씩 다르다. 그 자리에서 바로 고쳐주는 경우가 있는가 하면, 현장에서 가장 비싼 비행기표를 다시 사야 하는 경우도 있다. 모두가 이곳에서 아무 일 없이 보딩패스를 발권 받고 비행기에 탑승한다면 1단계는 지나간다. 비행기를 타고 가는 시간은 평화롭다.

공항에 도착해서는 수화물 파손 또는 분실이 없으면 된다. 입국심사도 넘어야 할 산이기는 하지만, 비자나 입국에 문제 될 거라면 아예 출발을 못 한다. 일단 출발했다는 것은 입국에도 큰 문제가 없다는 것이다. 가이드가 직접 공항으로 오는 경우는 가이드를 만나면 나는 무장해제 된다. 가이드 없이 기사만 나오는 경우는 버스 타는 곳을 찾아가야 한다. 가끔 영어로 소통 안 되는 현지인 기사들이 있다. 현지 기사와 왓츠앱으로 채팅을 주고받으며 서로의 위치를 확인한다.

버스 타고 호텔에 도착하면 방을 배정받아 들어가기만 하면 된다. 예약에 문제가 없다면 큰일은 아니다. 긴 비행에 지쳐있는 사람들은 조금이라도 빨리 방 열쇠를 받고 들어가고 싶어 한다. 자신의 순서가 늦어지면 여기저기서 불평하는 소리가 들린다. 아시아 호텔들은 비교적 서비스가 빠른 편이다. 유럽은 그냥 마음을 내려놓아야 한다. 한 번에 여러 가지를 못한다. 셈도 느리다. 내가 프런트 안에 들어가서 해주고 싶을 때도 있다.

정원이와 내가 나눈 하이파이브에는 이 모든 과정의 성공이 들어 있다. 어떤 실패도 없이 첫날을 무사히 보냈다. 첫날밤은 그렇게 잠들었다. 내일은 또 다른 관문이 기다리고 있을 것이다.

다음 날 아침 식사를 마친 사람들이 체크아웃하고 로비에 모였다. 두

대의 버스에 나누어 탈 수 있도록 조를 미리 나누었다. 먼저 인원을 채운 버스를 정원이와 함께 출발시켰다. 나도 15분쯤 후에 출발했다. 우리가 타는 크루즈는 승객 5,500명 이상을 태우는 메가 크루즈였다. 3년 전에 가 봤던 곳이라 다 알 수 있을 거라 생각했다. 그런 탓에 꼼꼼하게 챙기지 못했다. 예전에 탔던 것보다 거의 두 배는 큰 배였다. 크루즈 여행은 짐을 보내는 것부터 시작한다. 비행기처럼 수화물을 보내고 되고, 가지고 들어가도 된다. 짐을 보내려면 미리 준비해 간 수화물 티켓을 붙여서 먼저 보내고 수속하러 들어가면 된다.

정원이에게 보이스톡으로 연락이 왔다.

"엄마, 어떡해? 짐을 안 보내고 그냥 들어와 버렸어. 그런데 다시 내려갈 수가 없어. 사람들이 먼저 앞으로 가 버렸어."

정원이가 잠깐 머뭇거리는 사이에 사람들이 건물 안으로 들어간 것이다. 먼저 들어간 사람들을 찾아 정원이도 서둘러 앞으로 갔다. 싱가포르 크루즈 터미널은 건물 밖에서 먼저 수화물을 보내고 안으로 들어가는 시스템이다.

우선 조장들이 모여 있는 채팅방에 짧게 문자를 남겼다. '앞쪽에서 기다렸다가 같이 들어가요.' 정원이에게는 짐 가지고 들어가도 괜찮다고 했다. 놀라지 말고 그냥 들어가면 된다고 어린아이가 있는 팀들은 유모차와 큰 캐리어 때문에 짐이 많았다. 다시 내려가서 짐을 보내면 된다고 알려주었다.

내가 탄 버스도 곧 도착해서 정원이와 사람들이 기다리고 있는 쪽으로 갔다. 수속을 위해 줄 서서 기다리고 있는 우리 팀들이 보였다. 3박 4일간의 크루즈라서 다행히 사람들의 짐이 크지 않았다. 앞쪽에 서 있는 정원이가 보였다. 내가 온 것을 알아채고 내 쪽으로 왔다.

"엄마, 내가 먼저 짐을 보내라고 했어야 했는데, 그 이야기를 못 했어. 잘할 수 있었는데…."

완벽하게 해내고 싶었나 보다. 여행에서 인솔하는 사람이 자신의 실수를 계속 마음에 담고 있으면 다음 일도 그르치게 된다. 이미 지나간 일이니 더 이상 마음 쓰지 말자고 했다. 그간 우리가 겪은 일들에 비하면 아무 일도 아니었다. 그냥 하는 위로가 아니었다. 내가 조금 더 자세하게 알아보고 알려 줬어야 했는데, 정원이에게 미안했다. 터미널까지 사람들하고 온 것만 해도 너무 잘한 일이었다.

수속을 마치고 들어가며 정원이의 실수는 곧 잘한 일이 되었다. 짐을 수화물로 보내고 올 경우, 짐은 내 방 앞에 바로 따라 들어오지 않는다. 5,000명이 넘는 사람들의 짐이 주인을 찾아오려면 저녁이 되어야 한다. 우리가 크루즈를 탄 시간은 오전 11시였다. 그런 점을 생각하면 귀찮아도 자기 짐을 가지고 들어간 사람이 더 나은 셈이었다. 사람들에게도 그렇게 말해 주었다. 정원이 덕분이라고 하며 오히려 웃으며 칭찬했다. 다음 해 2월 두바이 크루즈를 타기 위해 갔을 때 정원이는 짐 찾는 곳부터 챙겼다. 덕분에 우리는 편안하게 수속하고 배를 탔다.

일상에서 일어나는 실패는 종종 통제된 환경에서 이루어지기 때문에, 그 범위가 제한적이고 안전할 수 있다. 그러나 여행에서는 예측할 수 없는 변수들이 많아 더 다양한 실패를 경험할 기회가 많다. 이런 실패들은 처음에는 당황스럽지만, 문제 해결력과 유연한 사고를 키워주는 귀중한 기회가 된다.

결국, 여행은 예상치 못한 실패를 통해 아이들이 자연스럽게 성장할 수 있는 경험을 제공한다. 이러한 경험은 미래에 직면할 도전 속에서 실패를 두려워하지 않고, 오히려 배움의 기회로 활용하는 능력을 길러주는 중요한 자산이다.

실패는 끝이 아니라 시작이다. 넘어진 자리에서 다시 방향을 찾고 그 경험이 쌓여 아이는 결국 누구보다 단단해진다. 여행이 가르쳐 준 가장 큰 진리이다. 실패를 피하지 않고, 더 많은 실패 경험이 쌓일수록 더 많이 배운다.

3장

아이와 함께 떠난 교실 밖 첫 수업

"여행은 아이에게 무수한 질문을 안겨주고,
답을 찾아가는 모험을 시작하게 한다."

한나 아렌트

서울로 가는 기차 안에서

    2008년 1월 엄마가 되었고, 박사도 되었다. 박사학위를 받고 1년 만에 대학교수로 갈 수 있는 기회가 생겼다. 2009년 3월 마산대학교 '국제소믈리에과' 교수로 임용되었다. 처음 제의를 받았을 때는 며칠 강의를 몰아서 하고, 서울과 마산을 오가며 살아볼 생각이었다. 최종 면접을 보러 가던 날, 마산 내서 터미널에 도착하면서 마음이 바뀌었다. 사람보다 자연이 더 많이 보였다. 모든 게 천천히 움직이고 있었다. 면접 결과가 나오기 전이었지만 이미 마음은 서울집을 정리하고 있었다. 마산에서 지내면 부산 사는 친정 부모님이 아이 키우는 것을 도와 줄 수 있다고 했다. 서울에서는 단 1시간도 봐줄 가족이 없어 남의 손에 의지하며 동동거렸다. 남편만 서울에 있고 나와 정원이는 내려오기로 했다. 처음 해 보는 교수 생활, 지방 생활이 어떻게 될지 몰라 남편은 회사를 바로 그만두지는 않았다. 남편은 서울에서, 나와 정원이는 마산에서 3년간 떨어져 살았다.

명절이 되면 우리 가족은 천안에서 상봉했다. 천안아산역에서 만나 홍성역으로 가는 기차로 갈아탔다. 그렇게 정원이와 둘이 하는 여행이 시작됐다. 기차는 잠시 복도를 오갈 수 있고, 화장실도 갈 수 있다. 어린아이와 여행하기에는 버스보다는 편리한 점이 많다. 유아 동반석으로 앉으면 조금 더 마음이 편하다.

이제 막 세 살이 된 아이와 2시간 반을 기차에서 보내야 한다. 시간을 슬기롭게 버티기 위해 챙겨야 할 준비물이 있다. 음료와 간식, 읽어줄 그림책. 색연필과 작은 스케치북도 넣었다. 곰 인형도 챙겨야 했다. 돌이 되기 전부터 늘 가지고 다니던 애착 인형이었다. 잘 놀다가도 잠이 오면 꼭 찾았다. 좀 작은 인형을 가지고 가자고 해도 그게 아니면 안 된다고 했다. 배낭이나 캐리어에 넣으면 꽉 차서 손에 들어야 했다. 손에서 놓으면 인형은 내 차지였다.

그러다가 언젠가 천안아산역에 인형을 두고 온 적이 있다. 나중에 알고 난리가 났지만 이미 찾을 수 없는 상황이었다. 점점 까매지고 팔다리 봉제선이 뜯어져 몇 번을 수술한 곰 인형을 언제쯤 놓을 수 있을까 했는데 그렇게 이별하게 되었다. 정원이는 그 이후로도 여전히 인형을 좋아했다. 침대 머리 위쪽에 가득 두거나 가방에 주렁주렁 여러 동물을 데리고 다닌다. 크기가 작아지기는 했지만 말이다.

기차를 타면 창밖으로 낯선 풍경을 만난다. 살고 있는 동네에서 매일 보는 것과는 다른 풍경이다. 챙겨간 보드게임을 하거나, 그림 그리고 색칠하기도 한다. 옆좌석 할머니 할아버지와 까꿍 놀이하며 까르르 웃기도 한다. 웃음소리가 너무 크게 들려 정원이의 입을 손으로 가려야 할 때도 있었다. 앉아 있는 것이 지루하다고 하면 정원이의 손을 잡고 복도를 오가기도 하고, 화장실도 간다.

정원이는 어릴 때부터 공공장소에 대한 예의를 배울 수 있는 기회가 많았다. 왜 조용히 해야 하는지를 몇 번이고 설명했다. 화내지 않고 작은 목소리로 말했다. 아이들에게 '원래 그래.'와 '당연한 것'은 없다. 모든 것이 처음이고 새롭게 알게 되는 것이니 바르게 행동할 수 있도록 도와주었다. 그렇게 기차를 몇 번 타고 나니, 자기도 모르게 큰 소리로 이야기하고 웃다가도 손가락을 입에 갖다 댄다.

천안으로 가는 여행이 익숙해지고 나서 우리는 서울행 기차를 탔다. 금요일에 기차를 타고 서울역에 도착하면 서울 여행 시작이다. 남편이 퇴근할 때까지 기다리며, 우리끼리 시간을 보냈다. 조금 걷다가 힘들면 카페에 들어가 아이스크림을 사 먹었다. 1시간 거리를 가려면 다섯 번 정도는 쉬어가야 하지만 그렇게 우리는 시간을 즐겼다. 정원이와 여행할 때 아끼지 않고 사는 것 중 하나가 아이스크림이다. 특히 유럽 여행 가면 젤라또는 항상 후식으로 챙긴다. 동전으로 사 먹으니 별생각 없이 먹다가 3에서 5유로를 한국 돈으로 환산하고 깜짝 놀란다. 그래도 포기할 수 없는 맛이다.

서울에 가서는 꼭 버스를 탔다. 당시에 아이들에게 인기 있는 교육 방송 프로그램 중 하나가 '꼬마버스 타요'였다. 다양한 교통수단들이 어울려 사는 도심이 배경이고, 시내버스들이 주인공이었다. 파란색 버스 '타요', 녹색 버스 '로기' 노란색 버스 '라니', 빨간색 버스 '가니'. 모두 서울 버스였다. 서울역에서 남편이 있는 방배동으로 가려면 '타요'를 타고 '로기'로 갈아탔다. 정원이는 TV 속에서 보던 버스 실물을 서울 와서 보고는 신나서 소리쳤다. "엄마, 타요다! 로기야! 라니랑 가니도 지나가네." 빨간색 2층버스를 런던에서 처음 타고 신났던 내 모습 같았다.

  남편이 마산으로 내려와 살게 된 이후에도 가끔 정원이랑 기차 타고 서울 여행을 했다. 본인이 서울에서 태어났다는 이야기를 들은 이후로는 고향에 가는 거라고 좋아했다. 기차를 타는 재미 중 하나는 기차에서 사 먹던 간식이었다. 코로나 시기를 지나며 이제는 추억 속 이야기가 되었다. 홍익 매점이라고 써진 카트가 우리 칸의 문을 열고 등장하면 목을 빼고 우리 자리 앞까지 오기를 기다렸다.
  스낵카트가 정원이 앞에 멈춰 섰다. 카트의 여러 칸을 살피며 좋아하는 것을 골라 자신의 테이블에 올려놓았다. 바나나 우유, 맥스봉, 버터오징어, 맛 밤, 구운 감자까지 야무지게 골랐다. 양이 많은 것 같아 다 먹을 건지 정원이에게 물었다. 그렇다고 했다. 계산하려고 지갑을 꺼내니 놀라서 나에게 작은 소리로 물었다.

"엄마, 이거 돈 내야 하는 거야? 나는 그냥 다 주는 건 줄 알았어."

  그러더니 바나나 우유와 구운 감자만 두고 다시 직원에게 넘겨주었다. 카트가 떠난 뒤 다시 한번 나에게 물었다.

"엄마, 비행기 타면 밥도 주고, 라면도 주고, 아이스크림도 주는데, 이 거는 왜 돈 내야 하는 거야?"

기내식처럼 포함된 건 줄 알았다고 했다. 경험은 강력하다. 내가 본 것이 전부이니 그렇게 믿는 것이다. 마산과 서울을 오가는 기차표 가격을 알려주고, 비행기 가격도 알려주었다. 가격에 포함된 서비스 내용도 이야기했다. 이후에 밥도, 담요도 돈을 내야 하는 저가 항공을 타면서 '그때 기차에서 말이야.'라고 하며 서로 웃은 적 있다.

에미레이트 항공을 타고 두바이를 경유해 몰타로 갈 때였다. 정원이는 함께 여행하던 형들에게 신라면을 사주겠다고 큰소리쳤다. 형들은 믿지 않는 눈치였다. 승무원을 불러 자신의 것과 형들을 위한 컵라면을 모두 주문했다. 비행기에서 먹는 건 모두 이미 가격에 포함되어 있다. 정원이는 에미레이트 항공 장거리 노선에서 신라면을 먹어본 적 있었다. 정원이가 멋지게 플렉스 했다.

직접 경험은 그 어떤 교과서보다 더 생생한 배움의 힘을 지닌다. 새로운 환경에서 문제를 해결하거나 도전으로 얻는 성취감은 자신감으로 이어진다. 다양한 경험을 통해 세상을 더 넓게 바라보는 시야를 키운다. 내가 알고 있는 것이 전부라고 생각하지 않는다. 모르는 것을 부끄러워하거나 두려워하지도 않는다. 안다고 잘난 척하지 않고, 내가 아는 것을 누군가를 도울 수 있는 데에 쓴다. 이것이 정원이가 여행을 통해 성장하고 있는 모습이다.

책 속 지식은 지도에 불과하다. 진짜 여행은, 기차 밖 풍경처럼 매 순간 마주하며 배워나가는 것이다. 아이에게 세상을 알려주고 싶다면 책장을 넘기기보다 창밖 풍경을 보여주어야 한다. 배움은 언제나, 움직이는 곳에서 시작된다.

세계지도를 진짜 밟아보기로

'22, 100+, 66, 108' 숫자 네 개로 나를 소개한다. 22살에 처음 세계로의 여행을 시작하여 100번 이상 여행했다. 66개국, 108개 도시를 다녔다. 쿠안탄, 푸켓, 두바이, 도하, 몰타 한 달 이상 살아본 곳도 다섯 곳이나 된다. 홍콩은 열 번도 넘게 다녀왔다. 아직 가 보지 못한 곳이 더 많고, 여행이라는 말에 늘 설렌다.

젊은 시절 여행할 때 아이를 캐리어에 업고 여행하는 사람들을 많이 보았다. 걸음마도 안 뗀 아이들을 데리고 다니는 여행자들을 보면서 나도 엄마가 되면 그렇게 해 보고 싶었다. 정원이의 공식적인 첫 여행은 생후 10개월에 떠난 여행이다. 24개월까지는 비행기에 무임 승차할 수 있다. 좌석 앞자리 쪽에 아기 바구니도 걸어 준다. 이유식을 하는 아기들을 위한 기내식도 준비해 준다. 무료로 얻을 수 있는 혜택이 많다. 하지만 아기를 데리고 여행한다는 게 쉬운 일은 아니다.

기저귀, 분유 등 기본 생필품부터 아기 전용 물건들을 챙기자면 가방 한 개로는 부족하다. 외국에 살고 있는 친구가 두 살, 세 살 아이를 혼자서 데리고 한국을 오는데, 아이들 짐 챙기느라 정작 자기 속옷은 한 장도 못 넣었다는 얘기를 들은 적이 있다. 여행이 고행이 되어서는 안 되니 정원이가 크기를 기다렸다.

정원이와 함께 집에서 책을 통한 간접 여행도 했다. 여러 가지의 세계지도 그림책을 샀다. 세계지도 그림책은 다양한 나라와 문화를 시각적으로 보여주기 때문에 아이들이 좋아한다. 나라 이름, 도시 이름을 알게 된다. 다른 나라에 대한 흥미를 자연스럽게 키워나간다.

정원이를 부모님께 맡기고 프랑스 보르도에 다녀와야 할 일이 있었다. 나는 정원이가 자주 보던 지도 그림책의 프랑스 지도 페이지에 포스트잇을 붙였다. 프랑스 남서쪽 어딘가쯤에 별 스티커 하나를 붙이고, 일주일 동안 엄마가 별이 있는 곳에 있을 거라고 정원이에게 이야기했다.

정원이는 내가 없는 동안 아침에 일어나자마자 그 책을 가지고 와서는 할머니에게 말했다.

"엄마, 여기! 엄마, 여기!"

그 말을 하면서 친정엄마는 정원이가 엄마가 얼마나 보고 싶으면 그랬겠냐며 마음 아프다 하셨다. 다른 나라에 있는 엄마를 찾았다고 생각하니 정원이가 대견하기만 했다.

다른 나라의 그림책이나 동화책을 자주 읽혔다. 세계지도 그림책으로 여행을 떠난 뒤, 그 나라의 문화를 다룬 책을 찾아보았다. 여행한 후에는 그 나라의 이야기를 다룬 동화책을 정원이와 함께 읽었다. 해당 국가에 대해 더 관심을 가지게 되었다.

아이와 함께 다른 나라의 음식을 직접 만들어 보거나 외국 분위기가 있는 곳으로 먹으러 가는 것이다. 월남쌈은 자주 해 먹는 음식 중 하나다. 베트남을 가 본 적 없는 정원이가 처음 만난 베트남 문화다. 나의 첫 월남쌈은 호주에서 살고 있는 이민자 친구의 한국 가정에서 맛보았다. 쌀국수는 차이나타운에서였다. 베트남을 가 보기 전에 음식으로 먼저 베트남을 만났다.

아이와 여행 할 때는 일정을 유연하게 계획하는 것이 좋다. 아이가 지칠 수 있고, 낯선 환경에서 컨디션 조절이 안 될 수 있다. 시차 적응에 며칠 걸릴 수도 있다. 예상치 못한 상황이 생길 수 있기 때문에 여유로운 일정을 짜는 것이 중요하다.

숙소 선택도 중요하다. 초등학교 저학년 때까지는 수영장이 있는 호텔이나 리조트를 주로 이용했다. 이동은 최소화하고 한곳에 오래 머무르는 여행이 좋다. 놀거리와 먹을거리 모두 포함된 리조트와 크루즈를 추천한다. 여행지는 아이는 물론 엄마에게도 익숙한 곳이 아니니 내가 해야 하는 일을 최소한으로 해야 한다.

목적지에서 보내는 시간만큼이나 긴 시간을 보내는 곳이 비행기와 공항이다. 공항이나 비행기 안에서 가지고 놀 수 있는 간단한 장난감이나 책을 아이용 가방에 미리 준비한다. 아이가 좋아하는 간식도 여유 있게 챙긴다. 잘 상하지 않고 휴대하기 편한 것이 좋다. 배가 고프다고 하면 언제든지 꺼내줄 수 있어야 한다. 비행기 이·착륙 시 젖병이나 빨대 컵을 이용해 아이가 자연스럽게 침을 삼킬 수 있도록 하면 귀의 압력 문제를 해결할 수 있다. 비행기를 타는 것이 고통스럽지 않도록 미리 신경 써야 한다.

이렇게 준비한다고 해도 예기치 않은 상황이 발생한다. 아이와의 여행에서 중요한 것은 마음가짐이다. 아이가 갑자기 울거나 짜증을 부릴 수도 있지만, 엄마가 여유를 가지고 그 상황을 받아들이는 것이다. 아이와 함께하는 여행은 매 순간이 도전으로 가득했다. 그 또한 소중한 추억이 되었다.

처음부터 꼭 멀리 갈 필요는 없다. 국내 여행부터 가까운 외국으로 시작한다. 차근차근 아이와 함께 여행하는 법을 익혀나가면 된다.

어린 시절 정원이에게 여행은 그저 엄마와 24시간 붙어 있을 수 있는 기회였다. 어디라서가 아니라 엄마와 함께할 수 있는 시간이 좋은 것이었다. 여행하면서 정원이를 더 많이 관찰하게 되었다. 좋아하는 것과 싫어하는 것을 알게 되었다.

'1, 30, 26, 51' 18세 정원이의 여행 이력서이다. 한 살 때 첫 여행을 시작하여 서른 번, 26개국과 51개 도시를 여행했다. 책을 통한 간접 여행이든 직접 여행이든 여행은 생각을 키우고 넓혀 준다. 책을 통해 먼저 간접적으로 경험한 나라를 실제로 방문하면서 훨씬 더 그 나라에 관심을 가지게 되었다.

여행은 정원이에게 세상을 경험할 기회를 주고, 나에게도 새로운 도전을 할 수 있는 시간을 주었다. 지금 당장은 어렵다고 느껴지더라도, 차근차근 준비하며 아이와 함께하는 여행의 꿈을 키워나가는 것이 좋다. 오히려 지금부터 책을 통해 여행을 준비하며, 아이와 함께 세계를 탐험하는 경험을 할 수 있을 것이다.

여행은 먼 나라에서 시작되지 않는다. 하루 한 장 책장을 넘기며, 가까운 곳으로 떠나는 오늘의 한 걸음부터 아이의 세계는 이미 넓어지고 있다. 세상 어디든, 아이와 함께 떠날 준비는 지금부터 할 수 있다.

 지구 한 바퀴, 마음 두 바퀴

아이와 단둘이 처음으로 여행한 곳은 어디인가요?
여행 준비하며 어떤 이야기를 나누었는지 또는 나누고 싶은지 생각해 보세요.

아들과 떠나는 첫 해외여행

2015년 1월부터 아들과 엄마의 세계여행이 시작되었다. 정원이가 여덟 살 되는 해 겨울, 필리핀 세부 보홀로 여행을 갔다. 생후 10개월에 떠났던 해외여행은 정원이가 인지하지 못하던 때라 생애 첫 여권의 기록으로만 남아 있다.

여행 가기 전 정원이와 '필리핀'을 지도에서 찾아보았다. 필리핀에 관한 책도 함께 보았다. 『필리핀에서 보물찾기』. 아이세움 출판사에서 나온 탐험 만화 '보물찾기' 시리즈는 여행지가 정해지면 꼭 사서 함께 보는 책이다. 도서관에서 필리핀에 관한 책 몇 권을 더 빌렸다. 여행 가는 나라에 대한 일반적인 내용을 미리 보기 한다. 앉아서 하는 여행도 즐긴다. 책에서 사진으로 본 곳을 실제로 만나면 반갑다. 준비하는 시간은 여행의 절반이다. '가서 뭐 할까? 뭐 먹을까? 어디 갈까?' 미리 가 보는 여행이기에 제약이 없다. 무엇이든 서로 원하는 것을 이야기하고 계획해 본다.

김해공항에서 세부 공항까지는 4시간 정도 걸렸다. 부산에서 출발한 비행기는 자정 넘어 세부 막탄 공항에 도착했다. 늦은 밤 세부에 도착해 겨우 3~4시간 자고 일어나 배를 타러 갔다. 정원이는 늦은 밤에 잠들었는데도 아침 일찍 잘 일어났다. 페리를 타고 다시 3시간 반쯤 가서 탁빌라란 항구에 도착했다. 항구에 픽업 나온 리조트의 직원을 따라 35분쯤 차로 보홀섬을 가로질러 서쪽 해변 가장 안쪽에 도착했다. 우리의 최종 목적지는 알로나 비치에 있는 아모리타 리조트였다. 거의 하루 만에 도착한 그곳은 깨끗하고 조용했다.

리조트에 도착해서 체크인하는 동안 정원이는 수영장 주변을 서성였다. 바지를 걷고 수영장에 발을 담그고 조심조심 걷고 있었다. 정원이에게는 집 근처 무릎 높이의 계곡에서 물장구치거나 마당에 펼쳐 놓은 큰 튜브 수영장에서 놀았던 경험이 물놀이의 전부였다. 소위 땅 짚고 헤엄치기만 할 수 있는 실력이었다. 수영하는 방법을 모른다. 발이 닿지 않는 곳에서 놀아본 적 없었다.

여행 가기 전에 리조트 시설을 미리 찾아본 덕분에 물에 뜨는 소재의 바디슈트를 챙겨갔다. 정원이가 깊은 수영장에서 안전하게 놀기 위해 비싸게 주고 산 수영복이었다. 바디슈트를 입고 물 안으로 들어가니 튜브 없이도 몸이 잘 떠 있었다. 수영할 줄 몰라도 가라앉지 않고 떠 있으니 겁내지 않고 잘 놀았다. 하지만 형이랑 누나들 따라 잠영을 하려는데 좀처럼 물속으로 몸이 들어가지 않았다. 너무 과하게 대비했다. 즐기는 데에는 방해가 되었다. 물 안에서 노는 맛을 알아버린 정원이는 더 이상 그 옷을 입지 않았다.

두 번째 날 아침을 먹으러 가면서 아예 수영복으로 입고 나갔다. 밥 먹고, 화장실 가는 시간을 빼고는 하루 종일 물에서 보냈다. 직원이 물속에 있는 정원이를 가끔 불러냈다. 과일과 아이스바를 간식으로 챙겨주었다. 수영장 청소를 한다고 두 번 밖으로 나오게 했다. 그나마 잠시 물 밖에서 지냈는데, 저녁에 방에 돌아와서는 물멀미를 했다.

"엄마, 물에 떠 있는 것 같아. 몸이 계속 움직여!"

그러고서는 이내 잠이 들었는데, 자고 일어나더니 바로 충전되었다. 다음날도 눈 뜨자마자 수영장으로 직행했다. 얕은 곳에서 바닥 짚고 헤엄을 치거나 잠영했다. 정원이가 물에서 노는 것을 정말 좋아하는 것을 알게 되었다. 4박 5일간 보홀에서 정원이가 가장 많이 시간을 보낸 곳은 수영장이었다. 수영복을 입고 있는 사진이 가장 많았다. 발을 담그기도 아까울 정도의 맑고 깨끗한 바다도 리조트 바로 앞에 있었다. 잠깐 모래놀이 정도를 할 뿐 바다는 아직 즐기지 못했다. 밀려오는 파도를 무서워했다.

보홀 여행 이후 정원이는 수영장이 있는 호텔을 즐기게 되었다. 덕분에 나는 수영장 의자에서 책을 보며 여유롭게 쉬었다. 한 번씩 엄마가 있는지만 확인하고 혼자 잘 놀았다.

보홀 여행에서 정원이가 나에 대해 새롭게 알게 된 사실은 내가 망고를 좋아한다는 것이다. 리조트 식당에 나오는 망고를 수북이 담아 오는 걸 몇 번 보고 자신도 한 접시 가득 담아서 내 앞으로 가져다주었다. 이제 망고는 더운 지역 여행을 갈 때면 우리 둘 다 배불리 즐기는 과일이 되었다. 정원이와 나는 여행하면서 서로가 좋아하는 것과 좋아하지 않는 것을 잘 알게 되었다.

여행은 새로움과 낯섦이 동시에 존재한다. 새로운 음식, 다른 언어로 소통하는 사람들. 호기심을 가지고 즐기는 사람은 여행을 좋아하고 즐긴다. 새로운 것을 불편해하고, 익숙한 것만 누리려고 하면 여행이 즐겁지 않다.

여행 가면서 한국 음식을 따로 챙겨가지 않는다. 현지 음식 중에서 맛있는 음식을 찾아 먹는다. 가끔 현지의 아시안 음식점을 이용한다. 정원이는 현지 음식 먹는 것을 즐긴다. 한국 음식과 비슷한 카테고리에 있는 것부터 도전하면 어렵지 않다. 볶음밥, 만두, 국수 등은 어느 나라를 가더라도 모양과 내용물, 소스 등이 다를 뿐 같은 범주의 것이니 쉽게 먹을 수 있다.

정원이는 여행지가 정해지면 사용하는 언어, 화폐, 시차를 먼저 물어본다. 다른 것이 당연한 것으로 여긴다. 매번 다른 일상을 만나기 때문에 여행이 좋다고 한다.

다름을 인정하면 모든 일이 쉬워진다. 다름을 틀림으로 간주해 버리는 순간 나의 프레임에 맞지 않는 모든 것을 대하기가 어려워진다. 여행을 통해서 배운 큰 지혜 중 하나가 다름을 알게 되고 받아들인다는 것이다.

정원이도 여행을 통해 다양한 세상을 배워나가기를 바란다.

낯선 곳에서 배우는 가장 큰 지혜는 다름을 틀림이 아닌 새로움으로 받아들이는 법이다. 여행에서 만난 '다름'은 결국 아이의 세상과 마음을 더 크게 넓혀 주었다. 여행은 장소가 아닌 시야를 확장하는 여정이다.

 지구 한 바퀴, 마음 두 바퀴

아이가 무엇을 좋아하는지 물어본 적 있나요?
아이와 함께 서로가 좋아하는 것에 대해 이야기해 보는 시간을 가져 보세요.

아빠와의 이별은 슬퍼

'아빠와 아들'의 관계는 태어나기 전부터 만들어진다는 말을 들었다. 임신 소식을 들은 친정엄마가 남편에게 붉은색 글귀를 적은 노란 종이 한 장을 주었다. 광명진언(光明眞言)이라고 했다. 아빠가 태어날 아이에게 미리 들려주면 좋은 말이니 수시로 전하라고 했다. 남편은 엄마가 시키는 대로 임신 기간 내내 내 배를 만지며 중얼거렸다.

"옴 아모가 바이로차나 마하무드라 마니 파드마 즈바라 프라바를타야 훔."

'광명진언'은 불교의 밀교 종파에서 중요하게 여기는 만트라다. 태어날 아이를 위해 아빠가 만트라를 외우면 마음, 사랑, 영적 에너지의 힘이 연결된다고 했다. 정서적 연결에서 영적 축복에 이르기까지 다양한 수준에서 아기의 행복을 만들어 준다는 글을 읽었다. '광명진언'은 부정적인 에너지로부터 아이를 보호하는 데 도움이 된다. 아이가 전생에서 가질 수 있는 부정적 카르마를 정화시키는 효과가 있다. 엄마 뱃속에서 아빠의 목소리를 듣는 것은 출산 후 아기와 초기 유대감을 형성하는 데 도움이 된다고 과학적으로 밝혀진 바 있다.

그 영향이 있는 것 같다. 정원이는 '엄마'보다 '아빠'라는 말을 먼저 했다. 정원이의 남편에 대한 사랑은 특별하다. 뱃속에서부터 좋은 관계가 만들어진 것 같다. 남편은 누나를 대신해서 조카를 돌봐 주었던 경험이 있다. 워낙 아이를 좋아하고 잘 돌보는 사람이라는 것은 알고 있었다.

하지만, 우리 부부는 준비된 부모는 아니었다. 우리끼리 살아도 충분히 좋다고 생각했다. 결혼 후 5년을 아이 없이 지냈다. 그러던 사람이 '아빠'가 된다는 소식을 들었을 때 눈물을 흘리며 고맙다고 했다. '광명진언'을 외우며 좋은 아빠가 되기를 준비한 순간부터 지금까지 아들과 좋은 관계로 지내고 있다.

 창녕으로 귀농한 후 남편과 아들이 함께 보내는 시간은 더 많아졌다. 나는 주로 늦은 시간까지 강의가 있었다. 아침에 나가면 10시가 되어야 집에 돌아왔다. 대부분의 저녁 시간은 남편과 정원이 둘이 보냈다. 매일 마당에서 같이 야구하고 축구했다. 담장 밖으로 수없이 공을 날려도 짜증 한 번 내지 않고 잡으러 가곤 했다. 집 가까이에 있는 부곡온천으로 목욕도 자주 다녔다. 여름이면 학교 끝나고 입은 옷 그대로 계곡에 가서 한참을 놀다 오기도 했다. 도시의 아빠가 해줄 수 없는 것들을 농부 아빠는 해줄 수 있었다. 정원이는 언제라도 궁금하면 남편에게 전화해 물어보았다. 남편은 언제나 정원이의 전화를 받았다. 갑자기 일이 생기면 달려갈 수 있는 사람은 남편이었다. 둘이 동네 식당에서 밥을 먹게 되는 경우도 많았다. 하루는 남편이랑 정원이랑 같이 식당에 밥 먹으러 갔다가 웃지 못할 일을 경험했다.

"엄마가 있었어?"

남편은 아들 혼자 키우는 불쌍한 홀아비로 동네에 소문이 나 있었다. 엄마 없이 아들을 데리고 식당 다니며 밥 먹는 일이 자주 있어 그런 것이었다. 식당 주인은 하마터면 좋은 여자 소개시켜 줄 뻔했다 한다. '엄마 교체될 뻔했다.'

정원이가 여행을 가는 게 좋았던 건 나와 하루 종일 같이 있을 수 있어서였다. 한국에 있을 때는 일이 바빠 충분히 시간을 내지 못하다가 여행 가면 24시간 붙어 있을 수 있으니 나도 좋았다. 남편은 오이도 키워야 하고 개들도 보살펴야 해서 우리와 함께 긴 여행을 자주 갈 수가 없었다. 가족 모두 함께 다녀온 여행은 다섯 번 정도이다. 나를 따라가지 못할 때는 아이를 못 봐서 슬프고, 나와 함께 여행 갈 때는 남편이 같이 못 하니 슬펐다.

2017년 1월, 정원이가 초등학교 2학년 때였다. 인천공항으로 가기 위한 공항리무진 버스를 타기 위해 새벽에 동대구역으로 갔다. 멕시코행 크루즈 여행이었다. LA에서 출발하는 크루즈를 타고 멕시코로 내려갔다가 다시 올라오는 코스였다. 한국이 추울 때는 따뜻하게 여행할 수 있는 곳으로 목적지를 정한다. 함께 여행하는 사람들은 모두 열세 명이었다. 창원에서 온 부부와 창녕에서 출발한 정원이와 나를 빼고는 모두 대구에 사는 사람들이었다. 부부 네 팀, 할머니와 손녀, 엄마와 아들, 혼자 온 언니, 구성원은 이러했다.

  겨울은 남편이 가장 바쁜 계절이다. 매일 크는 오이를 따서 공판장에 내야 한다. 집에는 초 대형견 세인트 버나드가 두 마리, 잉글리시 불독 두 마리가 있었다. 100kg이 넘는 개들을 어딘가에 맡길 수가 없다. 맡아 줄 사람을 구하는 것도 쉽지 않았다. 남편은 농장과 집을 지켜야 하니 여행을 함께 갈 수 없었다.

  남편이 정원이와 나를 동대구역까지 데려다주기 위해 같이 왔다. 일행들이 다 모이고 인사를 하고 가려는데 정원이의 울음이 터져버렸다. 굵은 눈물을 계속 흘렸고 남편 목에 매달려 있었다. 남편에게 안겨 큰 소리로 울고 있는 정원이를 함께 가는 사람들도 바라만 보고 있었다. 결국 남편의 눈에도 눈물이 맺혔다. 한참을 안고 있다가 남편에게서 떨어진 정원이는 남편을 보내 주었.

  정원이가 울고 있는 장면만 지나던 사람이 보았다면 앞으로는 영영 만나지 못하는 아빠와 이별하는 줄 알았을 거다. 2주만 잘 참아보자고 하고 정원이를 달랬다. 남편이 가고도 계속 훌쩍이는 정원이를 안아 주었다. 남편이 역사를 빠져나가자 정원이의 울음소리가 더 이상 들리지 않았다. 울고 싶은 만큼 울고 나니 진정된 것이다. 눈물이 나오려고 하면 그냥 우는 것이 좋다. 슬픔 감정이 생기면 없어질 때까지 잠시 기다려 주면 된다. 주차장에 도착한 남편에게 전화 왔다. 정원이가 계속 울고 있을까 봐 전화한 것이었는데 언제 그랬냐는 듯 역 안을 돌아다니고 있다. 정원이가 남편이 가고 괜찮아져도 너무 괜찮아져서 뛰어다니고 있다는 말을 전하지는 못했다.

정원이는 여행을 다니면서도 하루에 몇 번씩 남편에게 전화한다. 일정이 많아 낮에 전화를 못 한 날에는 '맞다, 아빠에게 전화해야지!' 한다. 남편을 생각하는 마음이 애틋하다. 누가 어른이고 아이인지 모르겠다. 여행하며 장소를 옮길 때마다 자신이 있는 곳을 보여주며 화상 통화를 한다. 아들은 아빠의 뒷모습을 보고 닮는다고 했다. 매일 저녁 시어머니에게 전화하는 것을 거르지 않는 남편을 닮은 것 같다. 장가가서도 나한테도 그러려나. 난 그러지 못하면서도 은근히 기대한다.

아이는 엄마의 지성을 아빠의 성격을 닮는다고 한다. 태어나기 전부터 남편과 잘 교감해 온 정원이는 남편과 농도 짙은 유년 시절을 보냈다. 매사에 긍정적이고 부정적 시선이 없는 것도 '광명진언'의 덕분이기도 한 것 같다.

어떤 결과도 하루아침에 만들어지는 법은 없다. 아이가 태어나기 전부터 맞이할 준비를 정성껏 했다. 남편은 친구 같은 아빠가 되기를 자청했다. 뭐든지 들어주고 함께 해 주는 아빠이다. 정원이는 남편과 함께 여행한 시간은 많지 않다. 오히려 집에서 두 사람만이 함께 보낸 시간의 추억이 더 많다. 언젠가 둘만 따로 여행을 다녀오라고 권했다. 두 사람의 성격은 너무나 다르다. 하지만 무엇이 다른지, 각자가 좋아하는 것은 무엇인지 알고 있으니 좋은 여행 파트너가 될 수 있을 거라 생각한다.

이제 며칠 떨어진다고 해서 눈물 보이는 일은 없을 만큼 정원이가 커버렸다. 눈물로 감정을 드러내지는 않지만, 남편과 정원이의 통화에서 따뜻한 관계가 여전히 느껴진다.

함께 있는 시간이 아니어도 우리는 늘 연결되어 있었다. 멀리 있어도 끊기지 않는 믿음은 매일의 작은 시간과 마음으로 쌓여온 것이다. 사람을 단단히 묶는 건 거리도 시간도 아닌, 결국 변함없는 신뢰다.

여행에서도 인생에서도
필요한 여백

　20대에 클럽메드 리조트에 근무할 때였다. 가족 단위의 유럽인들이 많았다. 엄마는 수영장 선베드에 누워 책을 보거나 가끔 수영했다. 아빠는 처음 만난 사람들과 테니스를 쳤고 10대 아들은 틴 클럽에서 또래 아이들과 지냈다. '우리'라는 말을 즐겨 쓰고, '같이하는 것'을 미덕으로 알고 있는 한국인 정서로는 조금 생소한 풍경이었다. 그들은 리조트 곳곳에서 각자 시간을 보내다가 저녁에 만나 함께 식사했다. 리조트 보모 서비스를 이용하는 엄마도 있었다. 모두가 만족하는 여행을 하는 것 같았다. 아이도 부모도 바빠 보이지 않았다. 그들의 여행에는 여백이 있었다. 나도 그들처럼 여행하고 싶었다.

　정원이는 생후 10개월이 되는 달에 여권을 만들고 푸켓 클럽메드로 여행갔다. 정원이는 기억나지 않는단다. 꿀벌 수영복을 입은 자신의 사진으로 사실을 확인할 뿐이다. 그 여행은 정원이를 위한 여행이 아니었다.

나와 남편을 위한 여행이었을지도 모른다. 우리는 편안하고 행복했던 여행으로 기억한다. 한국을 떠나 푸켓에 도착한 뒤 리조트 안에서만 지내다 한국으로 왔다. 정원이를 맡아준 보모 덕분에 나는 마사지를 받고, 조용히 책을 읽으며 간만의 휴가를 즐겼다. 남편은 일본에서 온 아저씨와 테니스를 쳤다. 매끼 차려지는 다양한 음식 덕분에 이유식을 하고 있던 정원이의 음식 준비 걱정도 없었다. 유모가 낮잠에서 깬 정원이를 데리고 오면, 팔다리 양팔에 튜브를 끼우고 아기용 풀로 들어간다. 남편은 한참 동안 정원이를 데리고 물장난을 치며 놀았다. 30년 전에 보았던 유럽에서 온 가족들처럼 여유로운 휴가를 보내고 왔다.

아이가 어릴 때는 리조트에서 보내는 여행이 좋은 것 같다. 리조트에는 객실, 레스토랑, 수영장, 놀이터, 체험거리 등 필요한 모든 것이 모여 있다. 대부분의 리조트에는 어린이를 위한 놀이 공간, 워터 슬라이드, 키즈 클럽 등의 시설이 마련되어 있다. 이동하지 않고 잠시라도 편하게 시간과 공간을 누리며 여행을 즐길 수 있다.

수영장 옆에서 아침을 먹으며 여유로운 아침 시간을 보낼 수 있다. 리조트 안에 있는 레스토랑을 바꿔가며 점심, 저녁을 먹는다. 리조트 내에서 공예품을 만드는 체험이나 게임과 같은 활동에 참여할 수 있다.

부모들은 아이들이 놀고 있는 동안 수영장 옆에서 한가롭게 책을 읽거나 스파를 방문한다. 키즈 클럽에서 낮에 활동할 경우, 점심도 선생님과 아이들끼리 먹는다. 덕분에 아이들을 챙기지 않고 평화로운 식사가 가능하다. 모든 것이 바로 거기에 있으므로 매일의 활동을 계획하는 것에 대해 생각할 필요가 없다. 아무것도 계획하지 않아도 되는 시간, 진정한 쉼이다.

물놀이를 좋아하는 아들에게 수영을 배워보라고 권했다. 수영을 못해도 불편하지 않다고 했다. 정원이는 집 근처의 계곡에서 주로 물놀이를 했다. 물의 깊이가 어른의 무릎, 아무리 깊어도 어린아이의 허리를 넘기지 않았다. 머리를 박고 물속을 들여다보고 땅 짚고 헤엄치기에도 본인의 물놀이 실력은 부족함이 없었다. 마당에 펼쳐 놓은 대형 풀장의 높이도 1m가 최대였다.

그러다 초등학교 1학년 여름 방학 때 지중해를 도는 크루즈 여행을 갔다. 정원이와 여행 가기 전에 배의 시설들을 미리 둘러보았다. 가장 마음에 들어 하던 곳이 수영장이었다. 여러 개의 수영장이 있다며 하루 종일 수영장에서만 놀겠다고 했다.

크루즈 승선 후 안전교육을 끝내고 정원이는 바로 수영복으로 갈아입었다. 나도 수영장으로 갈 준비를 했다. 나는 물보다는 선베드를 즐기는 편이다. 책 한 권 챙겨 배의 위층에 있는 수영장으로 올라갔다. 여러 개의 수영장이 눈에 들어왔다. 유아용 풀과 성인용 풀이 있었다. 양쪽으로 하나씩 따뜻한 물의 자쿠지가 있었다. 수영장 쪽을 향해 있는 선베드에 자리를 잡고 앉았다. 내가 앉은 자리를 확인하고 정원이는 수영하고 오겠다며 갔다. 잠시 후 정원이가 난감한 얼굴을 하고 나타났다.

"엄마, 저기는 너무 얕아서 시시하고, 여기는 너무 깊어서 발이 안 닿

아. 들어가기가 무서워."

　어른인 나에게도 가슴까지 오고 점점 더 깊어져서 2m 깊이까지 들어가는 수영장이었다. 하는 수 없이 유아 풀에서 놀았다. 조금 놀다가 시시하면 성인 풀에 가서 살짝 발 담그며 노는 정도였다. 유아와 성인 풀 사이를 왔다 갔다 반복하던 중, 성인 풀에 한참 서 있는 정원이를 보았다. 정원이보다 한참 작은 아이들이 성인 풀에 뛰어드는 모습을 보고 있었다. 자신보다 키도 작은데, 깊은 수영장에서 놀고 있는 아이들이 부러웠던 모양이다. 우리 여행이 끝나갈 무렵 정원이가 수영을 배우고 싶다고 이야기를 꺼냈다.

"엄마, 나도 수영 배우면 깊은 수영장에서 들어가서 놀 수 있을까?"
"그럼, 넌 물을 겁내지 않고 좋아하니까 금방 배울 수 있을 거야."

　한국으로 돌아가서 집에서 가까운 수영장을 알아보았다. 부곡하와이에 매일 수영 가르쳐주는 강좌가 있었다. 매일 1시간씩 수영 강습을 받기로 했다. 다만 2시간 정도 어른들의 수고가 필요했다. 셔틀버스를 따로 운영하지 않았기에 수업 시간에 맞추어 데려가 주고, 기다렸다가 다시 데리고 왔다. 부모님과 함께 살고 있었기에 가능한 일이었다. 하루도 수업을 빠지지 않았다. 정원이는 재미있어했다. 그렇게 6개월을 배우고, 배영, 자유형, 접영, 평영 모든 수영 방법을 익혔다. 아쉽게도 6개월 수강이 끝나고 부곡하와이는 문을 닫았다. 정원이에게 추억의 장소가 되었다.

부곡하와이 수영장이 문을 닫게 되었을 때 마침 창녕군에 군립수영장이 새로 개관했다. 정원이의 수영 수준에 맞춰 반을 선택했다. 선수 반에 들어갔다. 50m 레인을 쉴 새 없이 수영했다. 훈련을 위해 다른 지역에서 일부러 온 친구들도 있었다. 힘들어했다. 정원이에게는 수영은 재미있는 물놀이였다. 선수 반에서는 더 이상 즐기며 수영할 수 없어, 두 달 후 강습은 그만두었다. 대신 친구들과 원할 때마다 수영장에 갔다. 이미 물에서 노는 것이 자유로워져 언제든 원하는 만큼 즐길 수 있게 되었다.

무엇을 할 때 그 시작은 누가 정하는 것일까? 어떤 것에 호기심을 느끼는 단계가 있다. 아직 시작하고 싶을 때는 아니다. 탐색과 관찰을 한다. 그러다가 해 보고 싶다는 때가 온다. 바로 그때 정보를 준다. 정원이가 원하면 조언도 한다.

여행에도 인생에도 여백이 필요하다. 학교 끝나는 시간이면 교문 앞에는 노란 승합차, 버스로 가득하다. 내가 가끔 가는 대구 만촌동 주변은 밤 9시부터 10시에 차가 제일 많다. 학원 마친 아이들을 데리러 온 부모들 행렬이다. 빈 시간이 생기면 무엇이든 채워 넣으려 한다. 아무것도 안 해도 되는 시간, 무엇이든 해도 되는 시간도 하루의 계획에 꼭 넣으면 좋겠다.

여행 갈 때도 하루를 꽉 채우는 계획을 세우지 않는다. 관광하거나 활동을 하고 난 다음 날은 하루이틀 비워둔다. 뜻밖의 기회가 오기도 한다. 아무것도 하지 않는 시간을 두려워하지 않는다. 몸과 마음이 느슨해질 때까지 그냥 둔다. 심심해서 뒹굴뒹굴하다가 새로운 생각이 채워진다.

아이들은 주변을 돌아보다가 장난감이 될 만한 것을 찾는다. 한참을 가지고 놀다가 다시 버려둔다. 다른 놀거리가 생겨서이다.

미리 많은 것을 계획하지 않아도 되는 리조트로 호캉스를 가면 여백을 많이 가질 수 있다. 무엇을 하든 하지 않든 서로가 서로를 내버려두는 시간을 가지면 스스로가 움직이게 된다.

멈춰야 비로소 보인다. 아이든 어른이든, 누군가가 정해준 스케줄 속에서는 결코 스스로 움직일 수 없다. 계획을 비워둔 시간 속에서만 아이는 자기 속도로 자란다. 어른도 다시 나아갈 힘을 찾는다. 여행의 진짜 목적지는 장소가 아니다. 그렇게 비워놓은 여백 속에서 스스로를 다시 채운다.

 지구 한 바퀴, 마음 두 바퀴

아이가 아무것도 하지 않고 빈둥거리는 시간을 가지나요?
무엇이든 할 수 있고, 아무것도 안 할 수 있는 자유가 있다면 어떻게 시간을 보내고 싶은지에 대해 이야기 나눠 보세요.

엄마, 사자 보러 가요

"에버랜드가 너무 멀어서 남아공으로 사자 보러 갔어요."

나는 여행클럽 회원들 사이에서 '사자 보러 아프리카 가는 엄마'로 알려져 있다.

정원이는 KBS에서 방영했던 '동물의 왕국' 프로그램을 좋아했다. 동물 책 보는 것도 즐겼다. 동물도감을 보면서 나에게 설명해 주었다. 나보다 아는 동물이 훨씬 더 많았다. 공룡 이름을 줄줄이 외우는 것을 본 부모들은 '내 아이가 천재가 아닐까?' 하는 착각을 한 번씩은 한다는데, 나도 그랬다. 내가 어릴 때 그런 기억이 없어 정원이의 동물 사랑이 특별하다고 생각했다. '수의사를 하라고 해야 하나?' 부모들이 가끔 진도를 앞서 나간다. 그저 동물을 좋아할 뿐인데 말이다. 아이들은 공감하고 배려하는 마음을 타고 난다. 동물을 돌보고 보호할 수 있는 존재로 보기 때문에 좋아한다고 한다.

어느 날 TV에서 아프리카에 사는 사자 가족 이야기를 보게 되었다.

"정원아, 우리 사자 보러 아프리카 갈까?"

정원이는 펄쩍펄쩍 뛰며 좋아했다. 옆에 있던 남편에게도 물었다. 여름에 간다면 좋다고 했다. 우리는 손바닥을 마주치며 '아프리카'를 외쳤다. 사자만을 위해 간 건 아니었다. 남편과 내가 제일 좋아하는 친구가 요하네스버그 주재원으로 일하고 있었다. 친구 집에 가서 며칠 지내고 함께 사파리 여행을 하기로 했다. 한국의 여름이 시작되는 7월, 우리는 시원한 아프리카로 떠났다.

기내식을 다섯 번 먹고, 영화를 다섯 편 보고 나서야 우리는 남아공 요하네스버그에 도착했다. 하루가 걸렸다. 창살 속 동물이 아니다. 동물들이 살고 있는 곳에 직접 만나러 가는 것이니 그 정도는 수고로움은 감수해야 한다고 생각했다.

친구 집에서 3일을 보내고 사파리로 출발했다. 요하네스버그에서 차로 2시간 정도 북쪽으로 올라갔다. '벨라 벨라'라고 하는 지역이었다. '마부아 게임 롯지(MABULA GAME LODGE)' 입구에 도착했다. 상아로 장식된 아치를 지났다. 체크인하면서 일정을 안내받았다. 룸 하나가 오두막 한 채였다. '롯지(LODGE)'를 한국말로 하면 오두막이다. 소박하게 들리는 이 호텔 객실은 욕실, 침구, 어매니티 등이 5성급 호텔의 수준이었다. 아프리카 스타일의 돌과 볏짚으로 지어진 집이었다.

새벽에 한 번, 늦은 오후에 한 번 모두 두 번 지프를 타고 동물을 만나러 간다고 했다. 간단히 저녁을 하고 새벽 일정을 위해 일찍 침대에 누웠다. 정원이는 침대에 누워 남편과 이야기가 한창이었다. 영화 〈라이온 킹〉에 나오는 동물들을 모두 만날 수 있으면 좋겠다고 했다. 아들과 남편은 생애 처음 눈앞에서 야생의 동물들을 만날 기대감으로 흥분해 있었다. '이제 그만 자야 돼요.' 몇 번을 이야기하다 내가 먼저 잠든 것 같다.

　새벽 4시 알람이 울렸다. 아침잠 많은 정원이가 제일 먼저 침대에서 일어났다. 여행할 때는 새벽 비행기 탈 때도 잠투정 없이 잘 일어난다. 동물들 만날 생각에 신이 나서 잠이나 잤을까 싶었다. 로비로 나가니 사람들이 모여 있었다. 쿠키와 빵, 커피와 차가 준비되어 있었다.
　모직 안감이 들어 있는 판초 하나씩을 받았다. 아프리카의 7월은 겨울이다. 패딩에 털모자를 쓴 우리의 사진을 페이스북에서 보고는 아프리카인데 겨울옷을 입고 있냐는 댓글이 의외로 많았다. 때론 알아보려 하지도 않고 우리가 알고 있는 대로 믿어버리는 경향이 있다. 사람들에게 아프리카는 항상 더운 나라다.
　어른 팔 길이보다 길고 허벅지만 한 망원렌즈가 있는 카메라가 여러 대 보였다. 전문 촬영팀 같았다. 묻지는 않았다. 그렇게 찍은 사진과 영상으로 우리가 즐겨 보는 '동물의 왕국' 같은 다큐멘터리를 만드나 보다 하고 생각만 잠시 했다. 정원이도 신기한 듯 촬영팀을 계속 보고 있었다.
　탐험가 복장을 한 사람들이 긴 총을 챙겨 로비 밖으로 움직였다. 이제 출발한다는 호스트의 말에 찻잔을 내려놓고 로비 밖으로 나갔다. 새벽 사파리를 위한 지프 트럭 다섯 대가 줄지어 있었다. 창살도 창문도 없었다. 프리토리아에서 왔다는 가족과 함께 차를 탔다.

호텔의 앞마당을 벗어나 사파리로 출발했다. 철제 대문이 열렸다. 안으로 들어갔다. 사방으로 끝이 보이지 않으니 내가 어딘가로 들어갔다는 생각이 들지 않았다. 제일 처음으로 '누'가 보였다. 이어 '사슴' 무리가 있었다. 함께 있는 '얼룩말'과 '기린'도 보였다. 차를 세웠다. 기린이 다가왔다. 우리는 모두 '얼음'이 되어버렸다. 큰 움직임 없이 조용히 있으면 동물들이 먼저 공격하는 일은 없다고 했다. 다시 출발해서 조금 더 안쪽으로 들어갔다. 코뿔소가 있었다. 정원이가 설명을 덧붙인다.

"엄마랑 아기 코뿔소야. 아빠는 아기가 태어나면 바로 떠난대. 그러니까 같이 있는 건 엄마야."

"하마는 왜 물속에서 지내는 줄 알아? 피부가 약해서 낮에는 해를 피해 물 안에 있다가 밤이 되면 나온대."

새로운 동물이 등장할 때마다 신나서 이야기했다. 운전하며 설명하는 우리 대장보다 정원이 설명이 더 재미있었다. '미어캣', '사막여우' 등 여러 동물을 보며 천천히 그들의 영역을 관찰했다. 동물들이 보이면 차가 멈추었다. 차에서 내리지는 않았다. 동물들 앞에 얌전히 있는 우리를 그들이 구경하고 있었다.

사파리 안쪽으로 조금 더 들어가 철문이 하나 더 열렸다. 철문을 지나 10분쯤 들어갔다. 사자 한 마리가 보였다. 천천히 걷고 있었다. 그러다 자리를 잡고 앉아 반대편을 바라보았다. 반대편에는 엄마 사자와 아기 사자 두 마리가 보였다.

사자는 매 순간을 바쁘게 움직이지 않는다. 사냥이 필요할 때, 공격을 막기 위한 시간을 제외하고는 대부분의 시간을 우아한 자태로 앉아 있었다. 거미와 개미처럼 바쁘게 움직이며 살아가는 것만이 정답이 아님을 알 수 있었다. 밀림의 왕으로 불리는 사자의 모습을 보며 그런 삶을 살아도 괜찮겠다는 생각이 들었다.

새벽 사파리를 체험하고 다시 호텔로 돌아와 아침을 먹었다. 야생 고기 메뉴도 보였다. 멸종 위기 동물이 아닌 경우 아프리카에서는 야생 고기를 먹는 것이 허용된다. 현지에서만 경험할 수 있는 식문화이다. 아침을 먹으며 '아프리카 빅 파이브'에 대한 이야기를 나누었다. 빅 파이브는 코끼리, 버팔로, 사자, 코뿔소, 표범이다. 아프리카를 개척하기 시작한 백인 사냥꾼들이 붙인 이름이다. 사냥하기에 가장 힘들고 위험한 동물들을 꼽은 것이다. 사냥꾼들 때문에 '빅 파이브'의 개체 수는 많이 줄었다. 지금은 사냥과 포획이 전면적으로 금지되어 있다. 이 동물들은 '관심 필요'의 단계 혹은 '멸종 위기' 단계의 동물로 선정되어 보호받고 있다. 빅 파이브는 관광객뿐만 아니라 남아프리카공화국의 지폐에도 있을 정도로 자국민에게도 사랑받는 동물들이다.

'빅 파이브' 이야기를 들은 정원이는 표범을 꼭 봐야 한다고 했다. 남편과 정원이는 오후에 사파리를 또 갔다. 표범은 만나지 못했지만 새벽에 보지 못했던 다른 동물들 사진을 찍어와서는 나에게 자랑했다. 어떤 동물들이었는지 기억이 나지는 않는다. 신나서 이야기하던 정원이 모습만 떠오른다.

아프리카 여행 이후에도 자연에서 동물이나 곤충을 만나는 경험을 자주 했다. 완전한 야생이 아니더라도 동물을 보호하고 배려하는 공원, 동물원들을 돌아보았다. 동물을 학대하는 관광상품은 절대 이용하지 않았다. 호주에서는 코알라와 캥거루가 함께 공원에서 놀았다. 중동의 사파리에서는 사막 지역에서만 서식하는 동물들을 만났다. 나라마다 만날 수 있는 자연이 달랐다. 자연에 대한 존중과 동물 행동에 대한 더 나은 이해를 키울 수 있었다.

아이에게 좋은 교육을 주고 싶어 자주 교실 밖 세상으로 나갔다. 눈앞에서 마주한 사자 한 마리가 교과서 속 한 줄 지식보다 훨씬 오래 기억에 남을 것이다. 아이와 함께 자연을 걷는 그 순간이 아이의 인생을 바꾸는 진짜 수업이 될 수 있다고 생각한다.

캔 아이 테이크 어 픽처 위드 유?

미국 올랜도는 테마파크의 성지이다. 디즈니 월드, 유니버설 스튜디오, 씨월드, 레고랜드, 나사까지. 아이들은 물론 어른들에게도 즐거운 도시이다. 2016년 겨울, 따뜻한 남쪽 올랜도로 여행을 갔다. 일주일 동안 머물며 매일 다른 테마파크를 다녔다.

디즈니 월드는 모두 네 개의 공원이 있다. 매직 킹덤, 애니멀 킹덤, 앱콧, 할리우드 스튜디오 총 네 개의 공원을 모두 돌아보려면 일주일도 충분하지 않다. 디즈니 월드만 하더라도 최소 3~4일이 필요할 것 같았다. 일정상 신데렐라 성이 있는 매직 킹덤 한 곳만 갔다. 저녁에는 디즈니 태양의 서커스 텐트에서 '쿠자(Kooja)' 공연을 보았다.

올랜도 유니버설 스튜디오에는 공원이 두 개 있다. 두 개 공원을 자유롭게 오갈 수 있는 파크 투 파크 이틀권을 샀다. 아일랜드 오브 어드벤처 구간을 해리포터 호그와트 급행열차를 타고 이동했다. 이틀을 꽉 채워

돌아보았는데도 모든 어트랙션을 다 돌아보지 못했다. 인기 있는 곳은 1시간 이상 줄을 서야 했다. 유니버설의 여러 놀이기구 중에서도 가장 으뜸은 단연 해리포터다. 우리가 가장 시간을 많이 보낸 곳도 바로 이곳이었다.

  올랜도로 여행 가기 전 정원이에게 유니버설 스튜디오 소개 영상을 보여주었다. 정원이는 〈해리포터〉를 찾아보며 마법 거는 주문을 외우느라 내내 중얼거렸다. 마법사 지팡이를 갖고 싶다고 했다. 〈해리포터〉의 주인공과 주변 인물들이 사용하는 지팡이는 무려 44종이나 된다고 한다. 여행 가기 전부터 어떤 지팡이를 살지 고민했다. 유니버설 스튜디오 샵에 가서도 한참을 골랐다. 악당 '볼드모트'의 지팡이를 샀다. 지팡이를 사고 샵을 나오려는데, 정원이의 눈길은 다른 곳을 향하고 있었다.

"엄마, 나 이거 한 번만 입어 봐도 돼?"

  〈해리포터〉의 교복이 걸려 있는 쪽이었다. 입어보라고 대답하면서 슬쩍 가격표를 보았다. 정원이가 산 볼드모트의 지팡이도 이미 5만 원이 넘었는데, 교복은 얼핏 환산해도 15만 원이 넘을 것 같았다.

  정원이와 함께 여행하며 정한 규칙이 몇 가지가 있다. 그중 하나가 용돈에 관한 것이다. 일주일을 기준으로 5만 원을 현지 돈으로 환전해 준다. 사고 싶은 거나 먹고 싶은 간식을 사 먹으라고 한다. 이미 지팡이 하나의 가격이 5만 원이 넘었기 때문에 쓸 수 있는 돈의 예산이 넘었다는 것을 알고 있었다.

유니버설 스튜디오를 한 번이라도 방문해 본 사람은 해리포터 구역의 분위기를 알 것이다. 영화 속 등장인물처럼 교복을 입고 머플러를 두르고 있는 사람들이 많다. 그리고 한 손에는 지팡이를 든 모습을 흔하게 볼 수 있다. 오히려 교복 입지 않은 사람이 더 눈에 잘 띈다.

교복이 있는 곳을 떠나지 못하고 있는 정원이에게 한번 입어보라고 했다. 꼭 사줘야겠다는 생각을 한 것은 아니었다. 정원이는 내 대답에 바로 교복 하나를 골랐다. 교복을 입고 한 손에는 지팡이를 들고 나를 향해 포즈를 취했다. 영화 속 작은 마법사가 뛰쳐나온 듯했다. 사랑스러웠다. 벗으라고 말할 수 없었다. 정원이에게 제안을 한 가지 했다.

"정원아, 교복 가격이 비싸지만 네가 너무 멋져서 엄마가 꼭 사주고 싶어. 대신 미션이 있어."

해리포터 교복을 입은 열 명의 사람과 사진을 찍는 것. 미션을 실패하면 정원이가 옷값을 내는 것이 조건이었다. 모여 있는 정원이 돈으로 교복을 사는 거다.

정원이는 내 말을 듣고 잠시 말이 없었다. 해 보겠다고 했다.

"캔 아이 테이크 어 픽쳐 위드 유(Can I take a picture with you)?"

정원이는 그저 내가 하는 소리를 듣고 영어 문장을 외웠다. 해리포터 교복 입은 사람을 찾는 일은 어렵지 않았다. 처음에는 부끄러워서 말도 못 꺼내고 계속 지나쳤다. 정원이가 조금 앞서 걸었다. 나도 따라 걸었다. 말 걸고 싶은 상대가 나타나면 뒤돌아 나를 한 번 쳐다보았다. 조금씩 용기를 내기 시작했다. 다섯 번째 사진까지 재미있게 찍었고, 하나씩 늘려 나갔다.

"엄마, 한 장만 더 하면 되는데…."

금방 울음이 터질 것 같았다. 마지막 한 장을 남겨 놓고 정원이는 초조해했다. 운영이 끝날 시간이 30분 정도 남았다. 출구 방향으로 걸었다. 모두 바쁜 걸음으로 나가고 있었다. 사람들을 붙잡기 쉽지 않았다. 교복 입은 사람들을 찾느라 두리번거렸다. 그러다 한 일행을 발견했다. 교복을 입고 있지는 않았다. 교복이 든 쇼핑백을 손에 들고 있는 것 같았다. 정원이와 나는 눈빛을 주고받았다. 그들에게로 갔다. 내가 먼저 말을 꺼냈다. 정원이를 대신해 상황 설명을 했다. 그리고 바통을 정원이에게 넘겼다. 마지막 한 장을 위한 정원이의 눈빛은 그 어느 때보다 강렬했다. 웃음기 없는 얼굴에서 비장함까지 느껴졌다. 다시 한번 용기 내서 말했다.

"캔 아이 테이크 어 픽쳐 위드 유(Can I take a picture with you)?"

일행 중 두 사람이 쇼핑백 안에 있던 교복을 다시 꺼냈다. 주섬주섬 입고서 정원이와 함께 포즈를 취해 주었다. 열 장의 사진 미션을 완성하고 나서 다시 밝아졌다. 큰 앞니가 다 드러나게 웃는 얼굴 보며 나도 웃었다.

한번 자신의 것이 된 돈은 쉽게 내놓지 않는 정원이었다. 알뜰하게 모은 용돈을 지키기 위해 미션을 성공할 거라고 믿었다. 대가를 치르고 얻게 된 해리포터의 교복은 여전히 옷장에 잘 걸려 있다. 185cm를 훌쩍 넘긴 정원이가 더 이상 그 옷을 입을 수는 없다. 하지만, 해리포터 교복 이상의 의미이다. 용기, 정성, 도전의 결과이다.

원하는 것을 얻기 위해서는 치러야 하는 대가가 있다는 것을 알게 되기를 바랐다. 처음에는 어려웠던 일들이 반복을 통해서 쉬워지게 되고, 익숙해져서 자유롭게 즐기고 있는 자신을 볼 수 있었으면 했다.

쉽게 사줄 수 있었던 옷 하나에 조금 의미를 담고 싶었던 엄마의 마음이 전해졌을까?

원하는 것을 얻고 싶다면, 먼저 스스로 움직여야 한다. 노력 없이 쉽게 주어진 것은 오래 남지 않는다. 도전 끝에 손에 쥔 것은 옷 한 벌이 아니라, 스스로 해냈다는 자신감이다. 여행도, 인생도 결국 그 법칙은 같다.

 지구 한 바퀴, 마음 두 바퀴

아이가 갖고 싶은 물건이 있다고 할 때 어떻게 하나요?
물건에 대한 욕구를 어떻게 조절할지에 대해 이야기 나눠 보세요.

아침잠과 바꾼
오후의 아크로폴리스

    2023년 10월 KBS 대구 '아침마당' 프로그램에 정원이와 함께 출연했다. 방송의 주제는 '나의 여행 동반자'였다. 처음 섭외가 들어왔을 때는 세계여행이라는 주제로 진행한다고 했다. 전화로 인터뷰하면서 자연스럽게 아들과 여행한 이야기를 하게 되었다. 두 번째 인터뷰 전화에서 작가는 주제를 바꾸자고 했다. 당시는 이스라엘 전쟁이 막 시작되던 때였다. 세계여행이라는 주제로 진행하는 게 조심스럽다며, 여행 동반자 컨셉으로 가기로 했다. 아들과 함께 출연해달라는 제의를 받았다.

    아들의 얼굴이 떠올랐다. 부끄러움이 많은 아이다. '여러 대의 카메라 앞에서 괜찮을까?' 정원이가 하겠다고만 하면 좋은 기회가 될 것 같았다. 학교 끝나는 시간을 기다렸다. 4시 30분. 전화벨이 울린다. 강의 중 쉬는 시간이라 길게 통화는 못했다. '아침마당'에 함께 출연해야 한다는 이야기만 간단히 했다.

강의 끝나고 6시쯤 다시 전화했다. 작가와 나는 이야기를 자세하게 설명했다. 함께 출연해야 제작 의도에 맞을 것 같으니 함께 하면 어떠냐고 다시 한번 물었다. 하겠다고 해주면 좋겠지만, 조금 더 시간을 달라고 하면 그럴 셈이었다.

"한번 해 보지 뭐."

여행을 통해서 걱정 많은 성격이 많이 나아졌다고는 생각했지만, 기대 이상이었다. 담임 선생님께만 살짝 알리겠다고 한다. 친구들한테까지 이야기하기는 아직 부끄럽다고. 공영 방송에 1시간 분량으로 출연하게 되었다. 정원이도 따로 전화로 인터뷰했다. 어떤 내용이었는지 묻지 않았다. 인터뷰를 통해 얻은 정보로 작성된 대본을 녹화 며칠 전 각자 받았다. 그 내용 안에서 자연스럽게 말하면 된다고 했다. 긴장되었지만 녹화 방송이라 그나마 마음 놓였다.

방송에 출연하여 나와 정원이에게 번갈아 질문 해가며 녹화했다. 사회자와 보조 진행자는 정원이에게 엄마와 여행하는 것이 힘들지 않냐고 질문을 했다. 정원이는 엄마와 여행하는 것이 좋다라고 대답하고 이야기를 이어갔다. 엄마와 대화를 많이 하고 현지에서 조율하고 정해서 여행한다고 대답했다. 그리고 그해 여름 다녀온 그리스 여행 이야기를 꺼냈다.

7월에 일주일간 요트로 여행했다. 배가 아니면 갈 수 없는 작고 아름다운 그리스 섬들을 여행하고 아테네로 돌아왔다. 다른 일행들은 각자 자기 나라로 돌아가고 정원이와 나는 5일간 아테네에 더 머물렀다. 아크로폴리스에서 15분 도보거리에 있는 쿠르카키 지역에 에어비앤비를 예약했다.

　정원이가 아홉 살 때 아테네에 간 적 있었다. '유로자전거나라 대중교통 유적 투어'를 신청했었다. 가이드와 함께 시내를 돌며 건물들, 유적의 흔적들을 돌아보았다. 스마트폰 앨범을 열어 그때 찍은 사진을 같이 보았다. 정원이는 아크로폴리스에 대한 기억보다는 케밥에 대한 기억이 더 선명하다고 했다.

　첫 번째 아테네 여행은 10월 말이었다. 가이드 따라 도보 여행하기 좋은 날씨였다. 두 번째 아테네는 뜨거웠다. 열여섯 살, 이제 여러 곳 다니면 기억할 수 있는 나이이기도 했다. 한낮은 뜨거워서 돌아다닐 수 없었다. 아침 일찍 아크로폴리스를 돌아보기로 했다. 한낮에는 박물관이나 미술관에 가면 좋을 것 같았다.

　아크로폴리스 가기로 한 날 아침, 정원이는 일찍 일어나지 못했다. 조금 더 자고 싶다고 했다. 그러자고 했다. 정원이가 자는 동안 책도 보고 밀린 여행기를 정리했다. 오후 1시쯤 집을 나섰다. 숙소에서 15분쯤 걸어 아크로폴리스 박물관 앞에 도착했다. 박물관 앞 레스토랑에서 피자 한 판으로 아침 겸 점심을 해결했다. 피자 한 판에 그릭요거트까지 챙겨 먹고 아크로폴리스로 향했다. 사람이 많지 않았다. 해가 너무 강해서 눈을 뜰 수가 없었다. 카메라를 켜도 앞이 제대로 보이지 않았다. 감각으로만 버튼을 눌러 여러 장의 사진을 찍었다. 뜨거운 태양 아래 행복하게 웃고 있는 우리 두 사람의 사진 한 장을 건졌다.

　정원이의 아침잠과 바꾼 오후의 아크로폴리스는 엄마와 계속 여행하는 이유를 만들어 주었다. 여행 가서 계획한 것을 반드시 해야 한다고 고집하지 않았다. 어떤 일이든 조율이 가능하고 바뀔 수 있다. 조금 더 자고 싶다는 아이의 말을 무시하고 아침 일찍 가서 그곳에 갔다면 어땠을까? 함께 찍은 사진을 보며 우리는 어떤 기억을 하게 될까? 함께하는 우리가 가져야 할 것은 건물 앞에서 찍은 사진 한 장이 아니다. 그 사진이 만들어지기까지 함께 보낸 과정 전체일 것이다. 건물의 모습은 구글과 유튜브에서 더 자세히 볼 수 있다.

여행의 본질이 무엇이었는지를 생각하게 되었다. 아크로폴리스의 웅장함과 위대함이 아니었다. 서로에 대한 믿음과 신뢰를 더 돈독히 하는 기회였다. 아테네에서 보낸 5일은 계획된 일정보다 비어 있는 시간이 더 많았다. 아무것도 안 해도 되는 시간 동안 정원이는 충분히 고민했다. 그리스 여행 후 인문계 고등학교 진학을 해야겠다는 결정을 했다. 나는 글쓰기 코치로 활동을 시작했다. 그렇게 우리의 여행은 완성되어 갔다.

'아침마당'의 사회자가 왜 그런 질문을 했는지 이해한다. 엄마들이 아이를 데리고 여행을 가면 많은 것을 보여주고 싶은 욕심에 무리하게 일정을 짠다. 특히 역사적 유물, 건축물 등을 최대한 많이 가려고 새벽부터 일어나 긴 줄을 서고 여러 곳을 한 번에 돌아다닌다. 그런 여행을 아이들이 좋아할 리 없다. 무엇을 본다거나, 어느 인물을 위한 곳을 방문하는 일은 아이들에게는 별로 흥미롭지도 중요하지도 않은 일이다. 엄마와 함께하는 그 시간, 그때의 감정이 더 중요하다.

여행에서 중요한 건 눈앞의 유적이 아니라 그 길을 함께 걸은 사람이다. 정해진 시간보다 더 소중한 건 서로의 속도와 마음을 맞추는 시간이다. 아이에게 남는 건 웅장한 건축물이 아니라 자신을 기다려 준 엄마에 대한 기억이다. 진짜 여행은 그 신뢰 속에서 완성된다.

지구 한 바퀴, 마음 두 바퀴

아이와 여행을 할 때 무엇이 중요하다고 생각하나요?

아이가 엄마가 정한 것이 싫다고 할 때 어떻게 답했는지 생각해 보세요.

가족과 함께하는 여행이 좋아

정원이는 남편과 함께 여행하는 것을 좋아한다. 늘 함께 가지 못해 슬프다고 했다. 남편이 왜 함께 여행하지 않느냐는 질문을 자주 받는다. 세인트 버나드 두 마리가 있고, 키워야 할 오이가 있다. 초 대형견을 키우는 남편은 집을 며칠씩 집 비우기가 쉽지 않다. 호텔에 맡길 수도 없고, 이웃에 부탁하기도 어렵다. 세인트 버나드는 사람을 구하는 개다. 공격성 없고 온순하지만, 한 가지 흠이라면 덩치가 너무 크다는 것이다. 80kg에서 100kg이다. 사람들은 개의 성격과 상관없이 크기 때문에 무서워한다. 이웃에 이런 개를 좋아하고 키워본 경험이 있는 동생이 있어 가끔 부탁하곤 했었다. 이제는 결혼하고 육아하고 일도 바빠져 부탁하기가 어려워졌다.

남편은 오이를 시설재배로 키우는 농부이다. 농작물은 어떤 경우에도 매일 자란다. 시기를 지나면 상품 가치가 없어지기에 매일 물을 주고 잎을 정리하며 따야 한다. 하루도 비울 수 없다. 작물이 심어진 시기에는 매일 하우스로 출근해야 한다. 해가 뜨기 전에 출근하고, 해가 지면 퇴근한다. 14년 차 농부는 여행하기 어렵다. 여름이면 농작물을 심지 않고 밭을 놀리니 시간을 만들 수 있다. 그렇게 1년에 한 번의 가족여행을 다녀올 수 있었다.

남편은 어떤 여행을 하더라도, 어디에 있더라도 그곳을 정원이의 놀이터로 만들어 버린다. 가족이 함께하는 여행은 7월이나 8월에 계획한다. 한국보다는 조금 시원한 곳을 선택한다. 수영장이나 바다에서 하루 종일 보낼 수 있는 휴양지도 좋다.

2017년 여름 우리 가족은 러시아를 여행했다. 세인트 피터스부르그에서 일주일을 보내고 모스크바에서 다시 5일을 보내는 일정이었다. 세인트 피터스부르그에서는 냅스키 대로 쪽으로 숙소를 잡았다. 1900년대 소비에트 연방 시절에 지어진 집을 모던하게 리모델링한 5층짜리 아파트였다. 철제 접이문의 엘리베이터가 있었다. 내가 예약한 에어비앤비는 건물의 가장 꼭대기 층, 옥탑을 포함한 펜트하우스였다.

네 가족, 열두 명이 함께했다. 가족 단위로 방을 따로 나누어 쓰고, 부엌과 거실을 함께 사용했다. 원래 알던 사이도 있었고, 여행에서 처음 만난 사이도 있었다. 대가족의 여행처럼 재미있게 시간을 보냈다. 함께하기도 하고 가족끼리 시간을 보내기도 했다. 현지 가이드와 관광지를 여행해야 할 때는 같이 다녔다. 아침을 같이 해 먹기도 하고, 저녁 식사를 마치고 보드카와 현지 맥주를 마시며 파티를 했다. 빼째르(세인트 피터

스부르그를 현지에서 이렇게 부른다)에 온 지 4일째 되는 날 우리 가족끼리만 시간을 가졌다.

  우리 가족은 넵스키 구역에서 걸어갈 수 있는 관광지들을 돌아보았다. 카잔 성당 맞은편에 6층짜리 건물이 눈에 띄었다. 외관이 독특했다. 구글 지도 앱을 열어 현재위치의 건물에 대한 정보를 읽었다. 1904년에 지어져 우리 숙소와 같이 소비에트 연방 시절의 건물이었다. 유명한 재봉틀 회사 싱거(Singer)의 러시아 브랜치 건물로 지어지면서 싱거빌딩으로 불린다고 했다.

  그 건물 1, 2층에 돔 끄니기 서점이 있었다. 서점으로 들어갔다. 외관만큼이나 실내도 고풍스러운 모습이었다. 천장, 기둥, 책장, 조명을 돌아보는 것만으로도 박물관에 와 있는 듯했다. 남편과 함께 있는 정원이를 두고, 나는 서점 이곳저곳을 다니며 보았다. 엽서도 몇 장 사고, 기념품으로 스노우볼도 샀다.

  서점을 돌아다니다가 역사책 코너에 있는 두 사람을 보았다. 재미있어 죽겠다는 표정이었다. '설마 러시아 역사책을 읽으며 저렇게 신난 거야?' 두 사람이 무엇을 하고 있는지 궁금했다. 가까이 갔다. 책 한 권씩을 손에 들고 있었다. 남편이 책을 펼쳤다. 정원이도 따라 책을 펼쳤다.

"아빠가 이겼다."

  남편이 소리쳤다. 이내 정원이의 이마로 남편의 '딱밤'이 날아왔다. 무슨 일인지 물었다. 두 사람은 게임을 하고 있었다. 책을 펼쳐서 더 많은 사람 그림이 있으면 이기는 거였다. 정원이는 러시아 황제의 초상화가 있는 페이지를 펼쳤다. 남편이 펼친 페이지에는 전쟁 그림이 있었다. 일일이 사람 수를 세보지 않아도 남편의 승리였다. 두 사람에게 서점은 놀이터였다.

정원이는 진지한 엄마와 재미있는 아빠 사이에서 자랐다. 잘 시간이 되면 책을 들고 침대로 갔다. 대부분은 내가 읽어주고 재웠다. 정원이는 가끔 남편을 찾았다. 남편은 책을 특별하게 읽는 재주가 있었다.

"오늘은 아빠가 읽어줘."

이 말을 하는 아들의 얼굴에 눈동자가 하나도 안 보인다. 아직 시작도 안 했는데 얼굴은 이미 웃고 있다. 침대에 기대어 책을 읽기 시작한다.

"요어였사의 느사 에국영 느버리걸. 요지왔 워키 을꿈 느다싶 고하행여 을곳 선낯 고타 를배 터부때릴어 느버리걸."

정원이는 웃음이 터져서 멈출 줄 모른다. '뭐 하는 거지?' 방으로 가 보니 정원이는 웃기다고 데굴데굴 구르고, 남편이 책을 읽어주고 있었다. '걸리버는 영국에 사는 의사였어요. 어릴 때부터 걸리버는 배를 타고 낯선 곳을 여행하고 싶다는 꿈을 키워 왔지요.' 이렇게 읽어야 하는 책을 남편 방식대로 거꾸로 읽어주는 것이다. 정원이에게 눈물 빠지게 웃긴 것이 독서였다. '아빠와의 책 읽기'는 놀이였다.

　남편은 정원이가 부산으로 전학 간다고 했을 때 많이 서운해했다. 언젠가 떠난다고 생각했지만 생각보다 빨랐다. 나는 2~3주에 한 번씩 아들을 보러 부산에 간다. 정원이는 두 달에 한 번 정도 영산으로 온다. 우리 가족은 일상이 여행이다. 자주 헤어진다. 자주 서로에게서 벗어난다.
　어린 시절부터 만들어진 정원이와 남편의 끈끈한 유대감이 지금을 살게 한다. 하루에 열 번도 넘게 통화한다. 가끔 만나지만 서먹하지 않다. 여전히 두 사람은 대부분의 시간을 장난치며 보낸다.
　삶을 살아가는 방식은 다양하다. 늘 떠남과 만남을 반복했던 우리 가족의 일상이 더 단단해졌다. 함께 있지 않아도 서로를 생각하며 지낼 수 있게 되었다. 가족 간에도 적당한 공백과 여백이 필요하다.

　함께한 여행의 시간은 시간이 흘러도 아이의 마음속에 남아 삶을 지탱한다. 많이 함께하지 못해도, 함께한 순간이 아이에게는 평생의 울타리가 된다. 오늘 아이와 작은 여행이라도 떠난다면 그 기억이 아이를 오래 지켜줄 것이다.

바다 위에서 배운 삶의 속도

"크루즈 여행이요."

엄마 따라 여행을 많이 다닌 정원이는 여행에서 어디가 제일 좋았냐는 질문을 자주 받는다. 언제나 답은 같다. 크루즈 여행을 간다면 자신에게 물어보지도 말고 무조건 예약하라고 할 정도이다.

정원이는 여덟 살에 첫 번째 크루즈 여행을 경험했다. 함께 크루즈 여행을 했던 친정엄마는 일흔 살이었다. 여행을 많이 했다고 자부하는 나도 마흔에 생애 처음 크루즈를 탔다. 우리 모두 처음이었다.

사람들은 크루즈 여행에 대해 이야기가 나오면 나중에 가고 싶다고 한다. 은퇴하고, 나이 들면 그런 여행을 하겠다는 것이다. 나도 그런 줄 알았다. 적어도 내가 안다고 생각했던 크루즈 여행은 그런 것이었다. 지금까지 열 번의 크루즈 여행을 했다. 이 중 일곱 번은 정원이도 함께 했다.

'언젠가'라는 말을 좋아하지 않는다. 선입견과 고정관념이 만들어낸 단어이다. '내가 알고 있는 것이 전부가 아니다.'라고 인정만 해도 우리는 더 많이 경험하고, 더 나은 기회를 가질 수 있을 것이다. 나만의 프레임에 갇히지 않고 새로운 경험을 할 때마다 그것을 깨닫는다. 언제 할지는 내가 정하고 그냥 하는 것이다.

2015년 3월에 바르셀로나에서 출발하는 크루즈 예약을 했다. 비행기는 모스크바를 경유해서 바르셀로나로 가는 것으로 예약했다. 크루즈 출발일보다 이틀 먼저 바르셀로나에 도착했다. 크루즈 출발 일정에 맞추면 정작 출발 도시를 볼 시간이 없다. 혹시나 항공에 문제가 생기면 배를 못 타게 될 수도 있기 때문에, 크루즈 출발 하루 전에는 도착해야 한다.

크루즈 여행을 계획할 때 고려하는 몇 가지가 있다. 며칠 짜리 크루즈인지, 어디에서 출발하고 도착하는지. 기항지가 어디인지, 배의 규모는 어떤지 등을 알면 대략 우리가 하게 될 여행을 가늠할 수 있다. 선사는 어디인지, 몇 년도에 만들어진 배인지, 부대시설은 어떠한지 등의 정보도 알면 좋다. 크루즈로 여러 번 여행하다 보니 이렇게 정리가 되었다. 처음부터 모든 상황을 고려하고 여행을 정한 건 아니다. 열 번의 크루즈 여행을 했지만 늘 예상치 못한 새로운 일이 생기고, 극복한다. 그리고 나면 배우는 것이 있고, 덕분에 얻게 되는 기회가 있다.

이틀간의 바르셀로나 여행을 마치고 크루즈에 올랐다. 배에 타기 전에 터미널에서 체크인하고 짐을 보냈다. 비행기에 수화물을 보내는 것처럼 크루즈도 그렇다. 미리 출력해 간 짐표를 붙여 맡기면 내 방으로 가져다

준다. 한 번에 수천 명이 함께 타다 보니 몇 시간에 걸쳐 싣는다. 오전에 배를 타지만 오후 6시가 될 때까지 기다려야 할 수도 있다고 했다. 리셉션에 가서 어린이용 팔찌를 받았다. 나와 연결되어 있으니 배 안에서 안심하고 다녀도 된다.

점심을 먹고 방을 찾아갔다. 방 번호의 첫 숫자는 층수를 나타낸다. 10층 이상이 되면 앞에 두 자리 숫자를 챙기면 된다. 뒤 세 자리로 방을 찾아간다. 홀수와 짝수로 나뉜다. 엘리베이터에서 내리면 한쪽은 끝자리가 홀수인 방이 있고, 한쪽은 짝수인 방이 있다. 물론 홀수인 방 쪽으로 가도 연결은 된다. 지하철 2호선과 같다. 모두 뚫려 있다 하더라도 조금 더 가깝게 가려면 방향을 잘 잡아야 한다. 내 방을 익숙하게 찾아갈 수 있을 때쯤 되면 배에서 내려야 한다. 늘 아쉽다.

크루즈에서 방을 찾아가는 방법이 낯선 것은 누구나 같다. 정원이와 크루즈를 타면 방 찾는 것이 빠르다. 본인의 방은 물론이고 같이 갈 사람들의 방까지 빠르게 찾아준다. 식당을 찾아가거나 공연을 보러 가는 길도 그렇다. 어른들보다 길 찾는 감각이 좋다. 새로운 것을 배우는 습득력은 아이들이 더 나은 것 같다. 고정관념이나 선입견이 없어서 그런 것 같다. 대구에 사는 지인은 대구에서 길을 찾을 때 내비게이션을 켜지 않는다. 때로는 낯선 길을 찾아가는 내가 더 빨리 목적지에 도착하기도 한다. 몰라서 말을 잘 듣는 것이다.

사람들이 여행을 즐거워하는 이유는 익숙함을 벗어나기 때문이다. 그럼에도 완전히 벗어나지 못하고 누군가와 함께하는 이유 중 하나는 낯선 것에 대한 두려움 때문이다. 크루즈는 그런 면에서 우리에게 편안함을 준다. 길을 잠시 잃어도 된다. 그래봤자 배 안이다. 제복을 입은 사람에게 방 카드를 보여주고 찾아달라고 하면 된다. 혼자 이곳저곳을 돌아보는 재미가 있다. 내 보폭에 맞춰 걸으면 된다. 크루즈 곳곳에 마련된 소파나 의자에서 잠시 쉬어도 된다. 매일 배달되는 신문이나 미리 설치해둔 선사 애플리케이션에서 실시간 진행되는 프로그램을 확인한다.

정원이는 크루즈를 타면 혼자서도 잘 다닌다. 함께 여행 온 그룹의 아이들과 어울리기도 하고 혼자 가서 모르는 아이들과 농구를 하기도 한다. 배 안에서는 어디를 가든 안심이다. 방을 나서면서 어디에서 놀지를 이야기하고 자리를 옮기면서 메시지를 남긴다. 잠시 연락이 안 되어도 불안해하지 않는다. 혼자 다니다가 새로운 사람들은 만나 놀기도 한다. 무료로 음료나 음식을 먹을 수 있는 곳이 여러 곳 있으니 배고프면 어느 식당이고 찾아가서 해결한다.

여행하면서 함께하는 이들과 자주 헤어지고 가끔 만난다. 함께 저녁을 먹거나 공연을 보는 것은 좋다. 아침을 먹고 조금 더 느긋하게 식당에서 즐기고 싶어 하는 나에게 인사하고 본인 시간을 즐긴다.

"엄마, 나중에 만나. 난 운동하러 갈 거야."

 그렇게 따로 다니다 마주치기도 한다. 재미있는 이벤트가 있으면 함께 하자고 연락한다. 필요한 만큼의 영어를 하게 되니 조금 더 자유로워졌다. 할 수 있는 운동이 많아져서 크루즈가 더 즐거워졌다.
 새로운 사람, 공간을 좋아하는 정원이는 배 안에서 바쁘게 움직인다. 먼저 돌아보고 사람들에게 도움 될 수 있는 정보를 준다. 정원이는 크루즈를 일곱 번 타면서 크루즈 전문가가 되었다.

사람들과의 소통을 위해서 와이파이를 쓰거나 데이터 로밍을 할 수 있어야 안다. 가장 먼저 챙기는 일 중 하나이다. 50명이 가는 여행도 100명이 가는 여행도 거뜬하다. 기항지 관광을 위해 배에서 내릴 때도 사람들을 살핀다. 내가 앞서가면 정원이는 뒤로 간다. 모든 사람이 검색대를 통과해서 나오면 본인이 나온다. 약속한 장소에 모이면 바로 인원 확인을 한다. 우리가 타야 할 버스를 찾아 나선다.

정원이에게 여행은 살아가는 방법을 배울 수 있는 학교였다. 정원이에게 크루즈는 그런 여행 중에서도 조금 더 파악이 쉬운 여행이었다. 걱정 많은 정원이의 걱정을 줄일 수 있었다. 정원이는 여행클럽 회원들과 함께하는 여행에서 누군가를 챙기고 배려하는 것을 배웠다. 매사에 조심스러운 성격 덕분에 사람들을 세심하게 관찰하게 되었다. 나 역시 정원이 덕분에 편해지고 빨라졌다.

여행에서 진짜 중요한 건 정해진 틀과 순서가 아니라 '지금'을 경험하는 용기다. 크루즈 위에서 배운 건 낯선 곳에서도 내가 정한 속도로 걸어도 괜찮다는 것, 잃어버려도 다시 찾으면 된다는 것. 기다리지 않고 지금 떠날 때 우리는 더 유연해지고 단단해진다. 여행은 결국 삶을 살아가는 가장 실용적으로 연습해 볼 수 있는 기회다.

4장

여행, 독립을 위한 완벽한 리허설

"아이에게 줄 수 있는 가장 큰 선물은 두 가지다.
하나는 뿌리, 또 하나는 날개다."

괴테

자신의 짐은 스스로 싸기, 작은 책임의 시작

여행의 시작은 목적지에서부터가 아니라 준비하면서부터이다. 떠나기 일주일 전부터, 어떤 사람은 한 달 전부터 가방을 열어놓고 생각날 때마다 하나씩 담는다고 한다. 가방을 자주 싸는 나는 하루 전날 후다닥 챙긴다. 오후 비행기라면 떠나는 날 아침에 챙기기도 한다. 못 챙기는 물건이 한두 개씩 있다. 여행지에 도착해서 '아차' 한다. 그래도 괜찮다. 현지에서 조달하거나 없이도 한동안은 살 수 있다. 애들레이드에 갔을 때 3일 뒤에 짐이 도착한 적 있다. 매일 필요한 옷, 화장품, 등을 사서 썼다. 최소한의 물건을 샀다. 그 이후로 물건에 대한 집착이 줄어든 것 같다.

정원이도 이제 짐을 잘 싸는 여행가가 되었다. 처음에는 필요한 물건을 모두 챙겨가고 싶어 했다. 내가 미리 품목을 정하지 않았다. 정원이가 필요하다고 생각하고, 원하는 건 모두 넣게 두었다. 정원이는 하루에도 속옷을 몇 번이나 갈아입는 아이였다. 오줌을 누다가 조금만 묻어도 바로 새것으로 갈아입었다. 친정 부모님이 어린 시절부터 깔끔하게 키워서 조금이라도 뭐가 묻는 것을 참지 못했다. 처음에는 일주일 여행할 짐을 싸는 데 팬티 열 장을 넣었다. 집에서 지낼 때처럼 자주 갈아입으려면 그렇게 챙겨야 한다고 했다. 말리지 않았다.

　학교에서 진행하는 1박 2일 캠프를 갈 때에는 캐리어 안에 베개만 한 인형을 챙겼다. 캐리어가 꽉 차서 다른 짐은 넣을 수가 없었다. 왜 인형을 가지고 가는지 물었다. 엄마 대신이라고 했다. 크고 불편할지라도 정원이에게는 꼭 필요한 물건이었다. 결국 인형은 손에 안고 갔다.

　정원이가 어릴 때는 내가 먼저 가방에 넣을 물건들을 챙겼다. 그리고 나서 정원이와 함께 다시 넣고 빼고를 했다. 내가 필요하다고 생각하는 물건을 챙겼다가도 본인이 필요 없다고 하면 바로 뺐다. 엄마가 혹시나 하는 마음에 챙기는 물건들의 대부분은 그저 짐일 뿐이다. 자신에게 필요한 것은 본인이 제일 잘 알고 있다.

　일단 집을 떠나면 우리는 각자의 짐을 챙기고, 서로를 도와야 하는 파트너였다. 정원이는 가방이 무거워서 힘이 들면 가끔 나에게 맡기려고도 한다. 도와주기도 하지만 나도 힘들면 잠시 쉬어갈 곳을 찾는다. 아이와 여행할 때는 시간을 넉넉하게 잡고 움직였다. 아이가 스스로 할 수 있도록 충분히 기다려 줄 시간이 필요했다. 무리하게 일정을 짜면 '빨리빨리'라는 말을 수시로 하게 된다.

　시간이 남으면 오히려 그 시간을 즐겼다. 공항, 기차역, 버스 터미널 등 모든 장소가 여행지였다. 그런 곳을 지날 때마다 1~2시간의 여유가 있었다. 아이스크림 가게를 자주 찾았다. 길을 걷다가도 벤치를 만나면 쉬어간다. 충분히 쉬고 나면 '이제 갈까?' 하고 일어난다.

　여행이 반복될수록 정원이의 여행 가방은 가벼워졌다. 데리고 가는 인형의 크기도 작아졌다. 전혀 안 가지고 가는 건 안 되는지 배낭에 대롱대롱 몇 개의 인형은 달고 다닌다. 속옷도 매일 갈아입지 않고 2~3일도 괜찮다 했다. 중학생이 되고부터는 여행지에서 속옷과 양말 정도는 본인이 빨아서 입었다. 그러다가 가끔 내가 빨아주면 감사한 것을 안다. 어떤 힘든 일이든 본인이 해 봐야 얼마나 힘든 줄 알고 감사한 것도 알게 된다. 당연한 호의는 없다. 이제 일주일이 안 되는 여행은 간단한 배낭을 챙겨 떠난다.

"엄마, 이번에는 셔츠 몇 개 챙겨야 해? 꽃무늬 옷도 필요해?"

여행지에 가서, 드레스 코드에 맞춰 입어야 할 때가 있다. 환영 파티를 하거나 환송 파티를 할 때 참가하는 사람들이 모두 멋지게 차려입고 온다. 특히 크루즈 여행이 그렇다. 아이들까지 드레스 코드를 엄격하게 요구하지는 않지만, 현지의 문화를 경험하게 하는 것이 여행의 중요한 부분이니 미리 챙긴다.

고무줄 바지와 티셔츠에 운동화가 편하지만 갖춰 입어야 할 때가 있다는 것을 알려주었다.

여행이 정해지면 일정을 공유해 준다. 어떤 곳에서 어떤 프로그램으로 지내게 될지를 보면서 옷을 챙긴다. 호텔이나 크루즈 시설을 보면서 수영복이나 운동복을 챙기기도 한다. 여행할 곳의 날씨를 검색해서 참고한다.

한국에서도 어디를 함께 가자고 하면 드레스 코드를 묻는다. 때(Time), 장소(Place), 경우(Occasion), TPO를 설명해 주었다. 불편한 옷은 잠시 저녁 시간에만 차려입고는 갈아입어도 되냐고 눈짓한다. 멋진 모습을 더 오래 보고 싶지만, 정찬이 끝나면 편한 옷을 갈아입고 다시 놀러 나간다.

함께하는 자리에서 비슷하게 행동하지 않으면 오히려 내 모습만 두드러지게 된다. 음악회에 가서는 조용히 음악 감상을 해야 하고, 정찬 자리에서는 직원들의 시중을 받으며 식사를 마쳐야 한다. 운동장에서는 운동복을 입고 달려야 한다. 여행하며 때와 장소에 맞게 어울리는 방법도 배우게 되었다.

짐을 싸면서 먼저 그곳을 여행한다. 그곳의 날씨를 살피고, 방문할 곳을 미리 찾아본다. 가 보지 않은 곳을 상상하는 일도 여행이다. 정원이는 유튜브를 즐겨보는 세대이니만큼 먼저 다녀온 사람들을 미리 보고 내게 공유해주기도 한다. 정원이와 함께하는 여행은 엄마만의 준비로 만들어지는 여행이 아니다. 현지에서는 물론이고 준비하는 시간에서부터 좋은 파트너십을 가진다.

정원이는 이제 자신을 챙길 수 있는 사람이 되었다. 자신이 할 수 있는 일에 대해서는 스스로 하는 것을 즐긴다. 자신이 부족하다면 도움 청할 수 있고, 남들보다 잘할 수 있는 일이 있다면 기꺼이 도울 수도 있다. 지난주에 집에 다니러 와서는 이런 말을 했다.

"엄마, 나는 할머니 같은 엄마보다, 엄마 같은 엄마가 내 취향이야."

할머니는 미리 알아서 챙겨주는 엄마이고, 나는 요구할 때만 도와주는 엄마라고 했다. 아이들마다 타고난 성향이 다르고, 취향도 다르다. 어린 시절부터 스스로 할 수 있는 기회를 주고, 책임도 가지게 했다. 자신의 취향이었다니 다행이다.

 자신의 짐은 스스로 싸고 스스로 책임져야 한다. 누군가 대신 챙겨주는 짐은 언젠가 더 무겁게 느껴진다. 가벼워도, 무거워도 내 짐은 내가 짊어질 때 비로소 자유로워진다. 여행을 통해 아들은 깨달았다. **필요한 건 스스로 챙기고, 힘들 땐 잠시 내려놓아도 된다는 것. 스스로 싸는 짐만이 나를 단단하게 만들고, 그렇게 삶도 스스로 준비해야 비로소 나만의 길을 걸을 수 있다는 것을.**

 지구 한 바퀴, 마음 두 바퀴

내 아이는 스스로 하기를 원하나요? 엄마가 챙겨주기를 원하나요?
아이가 스스로 해 보겠다고 했을 때 나는 어떻게 대했는지 생각해 보세요.

결정은 스스로,
실패는 겁 없이

아이들의 배움은 누구의 선택이어야 할까? 시기마다 다르겠지만, 유년기에는 대부분 부모가 좋다고 생각하는 것을 추천하는 경우가 많다.

일하는 엄마의 빈자리 대신 정원이를 돌보는 부모님의 수고를 조금 덜어주고자 어린이집을 다니던 정원이에게 '신기한한글나라' 프로그램을 시킨 적이 있다. 한글 배우기를 거부했던 다섯 살 이후로 내가 먼저 제안한 것은 몇 가지 안 된다. 대부분은 정원이가 먼저 이야기를 꺼냈다.

"엄마, 기타 배워볼까?"
"엄마, 농구도 재미있겠지?"
"엄마, 방송 댄스도 배우면 신날 것 같은데, 살 좀 빼고 시작하면 좀 더 멋질 것 같지?"

정원이가 이야기하는 모든 것들을 다 해보겠다는 말은 아니다. 정원이와 이런 대화를 나눌 때 나는 주로 듣는다.

"그거 재미있겠다! 멋지다!"
"어디서 배울 수 있어?"

검색은 아이들이 더 잘한다. 특히 본인이 하고 싶은 것이 있을 때는 어떻게 해서든 찾아낸다. 정원이에게 말하지 않고 나도 나름대로 알아보기는 한다. 이후 나에게 조언을 구하면 내가 알아낸 정보를 공유한다. 가볍게 이야기했던 내용도 기억했다가 다시 물어본다. 잠시 호기심 가졌다가 사라지는 것도 있다. '엄마도 네가 흥미로워하는 것에 관심은 가지고 있어, 너의 이야기를 듣고 있는 거야.'라는 나의 마음이다.

정원이는 나를 무서워한다. 지금껏 한 번도 화내거나 소리 지르며 말한 적 없지만, 엄마는 무서운 사람이라고 한다. 나의 양육 철학은 안 되는 일은 처음부터 안 된다는 것이다. 결국 허락해 줄 일은 처음부터 힘들게 하지 않는다. 정원이가 누리는 자유에는 책임이 함께 한다. 용돈에 대해서도 그렇다.

부산에서 학교를 다니면서부터 용돈을 받았으면 좋겠다고 했다. 한 달에 15만 원으로 정했다. 친구들에게 얼마를 받는지 물어보고 자신의 상황에 맞추어 요구한 금액이다. 매월 첫날에 용돈을 받고 마지막 주가 되면 돈이 거의 떨어진다.

학원을 마치고 집으로 가는 길에 통화하면서 치킨을 먹고 싶다고 했다. 주문해서 가져가라고 했더니 만 원이 부족하다고 했다. 29일쯤이었던 것 같다. 치킨을 먹고 싶어 참을 수 없다며 다음 달 용돈 만 원을 먼저 달라고 했다. 나는 만 원에 대한 이자 5천 원을 받기로 하고 돈을 보냈다. 이틀 후 용돈을 보내면서 만 5천 원을 빼고 13만 5천 원을 보냈다. 용돈을 미리 받아 치킨을 먹은 것에 대한 대가였다. 진짜 이자를 받을 줄 몰랐다고 했다. 그 이후로 비싼 엄마 돈을 쓰는 일은 없다. 용돈을 받으면 2주씩 나누어 쓴다고 했다. 보릿고개의 여파가 조금 덜 느껴지는 방법을 찾은 것이다.

여행을 가면 그 나라의 돈으로 5만 원 정도로 환전해 주었다. 보통 일주일 동안 쓰라고 주는 돈이다. 나라마다 다른 돈의 종류도 알게 되고 한국 돈과의 환차도 이해할 수 있다. 정원이는 사고 싶은 물건이 있어도 선뜻 사지 않고 몇 번을 고민한다. 그래도 사고 싶으면 산다. 현지에서 비싸게 주고 산 물건도 한국 와서는 전혀 쓰지 않는 경우가 자주 발생하니 점점 물건을 사는 것도 줄어들었다. 최근 여행에서는 아이스크림을 사 먹거나 성당에 가서 초를 켜느라 돈을 쓴다. 용돈을 남겨서 한국에서 필요할 때 쓰기도 한다.

보르도 여행을 갔을 때다. 정원이와 함께 일요일에 열리는 벼룩시장을 구경 갔다. 옛날 물건들과 그 물건들은 팔러 나온 사람들을 만나는 일은 즐겁다. 박물관에 가 있을 만한 물건들도 많다. 가끔은 집에 가서 바로 사용해도 되겠다 싶은 것도 있었다. 정원이가 멈춰 섰다. 정원이의 시선은 한 곳을 향하고 있었다. 그 눈길의 끝에는 인형이 있었다. 2m는 넘어 보이는 뱀 인형이었다. 정원이의 기내용 캐리어에 넣으면 꽉 찰 것 같았다. 여행의 시작이라서 부피가 큰 물건은 되도록 안 사려고 했다. 시장을 한 바퀴 돌고 올 때까지도 계속 마음이 변하지 않으면 사자고 했다. 하지만 정원이는 다른 물건들은 보는 둥 마는 둥 했다. 다시 뱀 인형이 있던 곳으로 갔다. 정원이에게 물었다. 꼭 가지고 싶다고 했다. 집에 갈 때까지 직접 들고 다닌다는 약속을 하고 나서 뱀 인형을 샀다. 이후 열흘 동안 목에 감았다가 손에 들었다를 반복했다. 가지고 싶은 것은 가졌으니 더워도 투정하지 못하고 한국까지 무사히 가지고 왔다.

정원이가 혹시 큰 인형을 나에게 맡겨 버리면 어쩌나 하는 걱정도 있었다. 보르도 이전에 올랜도 씨월드에서 사주지 않은 북극곰 인형이 떠올랐다. 보들보들 귀여운 북극곰 인형을 사지 못해 안고 찍은 사진이 있다. 살 수 없다고 하니 한참을 안고 있었다. 그 사진을 보고 친정엄마는 눈빛이 저리도 간절한데 사주지 그랬냐고 했다.

모든 선택과 결정에는 자유와 책임이 따른다. 무조건 아이가 하자고 해서 하는 것이 아니다. 엄마가 그 결정을 전적으로 할 수도 없다. 충분히 알아보고 고민해 본 후에도 꼭 해야겠으면 하는 것이다. 정원이가 선택하는 것도 내가 하자고 하는 것도 그렇다.

이렇게 쌓아온 시간이 지금까지도 이어지고 있다. 정원이와의 대화가 즐겁다. 사춘기 부모의 사랑은 무관심한 사랑이라는데, 어느 시기라도 믿고 기다려 주는 때가 필요한 것 같다.

작은 실패를 통해 배우고, 책임지는 연습을 할 때 아이는 진짜로 성장한다. 부모는 모든 걸 대신 결정하는 사람이 아니라, 아이 스스로 서는 모습을 옆에서 지켜보는 사람이다. 보호가 아닌 믿음이, 통제가 아닌 경험이 아이를 독립적인 사람으로 만든다. 교실 밖의 삶이 아이를 단단하게 키운다.

자신의 쓰임으로
자존감을 세우다

 2019년 겨울 두바이에서 출발하는 중동 크루즈를 계획했다. 보통 지상 여행은 스무 명 내외로 인원을 꾸리는데, 크루즈는 100명 정도도 거뜬하다. 일단 크루즈에 타고 나면 놀거리, 먹을거리를 자유롭게 이용할 수 있다. 우리가 타는 배는 MSC 선사의 벨리시마(Bellisimas)였다. 2019년부터 운항을 시작한 최신 시설이었고, 4,500명 승객이 타는 메가 크루즈였다. 100명이 배에 타고 나면 서로 만나기도 어려울 정도로 큰 배였다.
 열 명이 넘어가는 여행을 갈 때는 조를 미리 편성한다. 조장도 정한다. 정원이는 그간 여행을 다니며 내가 있는 조에서 부조장으로 역할을 해 왔다. 여행의 매 순간 일어나는 일에 대해 여행클럽의 리더가 해야 할 일을 늘 옆에서 보았다. 두바이 크루즈팀은 100명을 열 개 조로 나누었다. 커플팀, 친구팀, 가족 팀 등 작게는 다섯 명에서 열두 명까지 조를 나누었다. 공항, 크루즈 체크인, 기항지 관광 등의 이동 시 인원 점검을 위한 조였다. 크루즈 정찬 식당에서 저녁 먹을 때도 테이블에 크기에 따라 한 조가 두세 개 테이블에 나누어 앉았다.

정원이도 한 조를 맡았다. 부모님과 이모가 조원이었다. 나를 도와야 하기 때문에 우리 가족만 책임지면 되도록 했다. 누나와 형들이 있는 조에서 함께 하고 싶지만, 부모님과 이모를 다른 조에 보낼 수 없어 정원이에게 부탁했다. 부모님과 이모는 5학년 꼬마 조장에게 협조를 잘했다.

"할아버지, 방 찾아올 때는 이 그림이 있는 복도로 들어와야 해요."
"할머니, 점심시간에 10층 식당에서 식사하고 계시면 찾아갈게요."
"이모할머니, 혹시 방 못 찾으면 5층에 가서 직원에게 방 카드 보여주세요."

조원들에게 이런저런 당부하느라 바쁘다. 정원이는 수영장에서, 농구장에서 놀다가도 카카오톡으로 조원들이 잘 있는지 확인했다. 본인이 어디 있는지도 자주 알려주었다. 첫날 사람들 모아놓고 와이파이 연결을 모두 해 준 덕분이다. 조별로 운영되는 채팅방, 조장들이 있는 채팅방에서는 필요한 사항이나 궁금한 사항이 있으면 올라온다. 재미난 이벤트가 있으면 서로 알려주었다.

크루즈 승선 후 가장 먼저 챙겨야 할 일 중 하나가 선내 와이파이에 연결하는 일이다. 선사마다 연결 방법이 달라서 할 수 있는 사람이 먼저 해 보고 도와주도록 했다. 정원이는 배에 타자마자 미리 구매한 선사 와이파이에 연결했다. 개인 인증 후 와이파이에 연결해야 했다. 한국에서는 전화번호, 해외에서는 이메일이 내 인증 수단이다. 다시 말해 전화번호 외우듯이 이메일 계정도 척척 말할 수 있어야 한다. 내가 나임을 증명하기 위한 유일한 방법이다.

그러나 사람들은 와이파이에 접속하기 전에 이메일에서 모두 멈춰 버렸다. 스마트 폰에서 이메일 인증 후 와이파이 구매 정보를 입력하고 연결해야 했다. 스마트 기기가 익숙하지 않은 어른들 대부분은 해 보지도 않고 정원이를 불러, 스마트 폰을 내밀었다. 한 명씩 연결을 시작했다. 이메일을 모르는 사람이 대부분이고 비밀번호는 말할 것도 없었다. 이메일 계정이 아예 없는 사람도 있었지만, 하나씩 차근차근 해 나갔다.

조장들을 불러 먼저 방법을 알려주었다. 조장들이라고 해도 다 잘하지는 못했다. 1시간이 훌쩍 넘어가고 있었다. 정원이의 얼굴을 살폈다. 하나가 끝나기에 무섭게 또 다른 스마트 폰이 정원이 손에 옮겨졌다. 선사 와이파이를 연결한 사람들이 하나둘씩 자리를 떠났다. 다섯 명 내외의 사람들이 남았을 때 정원이의 얼굴은 시뻘겋게 달아올라 있었다. 피곤해 보였다. 나머지 사람들의 것을 마무리하고 정원이와 방으로 갔다.

"엄마, 나 잘했어? 힘들었어! 그래도 모두 와이파이 연결해서 다행이야."

수고했다는 말과 대단하다는 말로 정원이를 위로하고 안아주었다. 자랑스러웠다. 정원이는 힘이 들지만 자신이 할 수 있는 일을 하는 것이라고 알고 있다. 자신의 쓰임에 즐거워한다. 피곤하다며 잠시 누웠다가 저녁 먹으러 나가자고 했다. 30분 정도 있다가 나가려고 했는데, 알람 소리를 듣지 못하고 깊이 잠들었다. 정원이는 9시가 넘어 잠이 깨서는 몇 시냐고 물었다. 시간 맞춰 가야 하는 정찬은 먹지 못했다. 그래도 나가자고 했다. 뷔페식당에 가서 저녁을 간단히 먹고, 공연을 보러 갔다. 공연 시간에 맞춰 단체 채팅방에 극장 위치를 알리고 공연 보러 가라고 알렸다. 오후에 힘들었던 시간 덕분에 사람들과의 소통이 편했다.

처음 크루즈 여행했을 때도 와이파이 때문에 소통이 잘되지 않았던 경험이 있다. 사람들이 나를 찾아다녔다. 사람들 이야기를 들어주느라 정원이를 오래 기다리게 했다. 정원이는 이야기가 끝날 때까지 보채지도 않았다. 이야기가 너무 길어지면 귓속말로 언제 끝나냐고 한번 물어보고 가는 정도였다. 기다리다가 소파에서 잠이 들기도 했다. 고충을 들어주고 나면 그 사람이 사라진다. 잠에서 깬 정원이는 이제 괜찮냐고 묻는다. 어릴 때부터 내가 사람들을 위해서 무엇을 하는지 지켜보았다. 보면서 배웠다. 정원이는 자신이 어떤 일을 도와야 내가 해야 할 일이 줄어들고, 빨리 끝날 수 있는지 알고 있다. 무엇을 해야 하는지 물어서 했다. 이제는 혼자서 상황을 보고 척척 해낸다. 해야 한다고 생각하고 할 수 있는 방법을 찾는다. 여행은 늘 우리를 안전한 구역에서 벗어날 수 있도록 한다. 정원이에겐 원래 그런 것은 없고 당연한 것은 없다. 언제나 바뀔 수 있고 다를 수 있는 것이 세상이다.

　여행에서의 하루는 밀도가 높다. 하루에 여러 일들이 한꺼번에 일어난다. 낯선 환경에서는 예기치 않은 사건 사고들을 다양하게 자주 경험한다. 짧은 여행 기간이지만 인생을 배울 수 있다. 초등학교 5학년이었던 정원이는 일곱 번의 크루즈 여행 경험이 있다. 매번 50명 이상의 사람을 만나 함께했다. 인생을 20~30년은 더 살아야 알 수 있는 것을 배웠다.
　정원이는 초등학교 다니는 내내 반장을 했다. 전교 부회장과 회장을 맡았다. 중학교, 고등학교에 가서도 반장, 부반장을 자청했다. 상점도 자주 받는다. 수업 시간에 선생님을 돕거나, 휴지 줍는 일 등이 그 이유이다. 정원이에게 할 수 있는 일을 하는 것은 익숙한 것이다. 본인이 할 수 있는 일을 하고 다른 사람을 돕기도 하지만 본인이 편해지는 법도 안다. 누가 시켜서가 아니라 자신의 쓰임을 알고 스스로 행동하는 태도가 중요하다. 기쁜 마음으로 나서서 하고, 칭찬까지 덤으로 받는다.

"엄마, 나 오늘 1일 1선 했어. 버스 정류장에서 길 찾고 있는 아저씨, 아줌마 있어서 알려 드렸어."

학교 다녀오는 길에 신나서 전화가 온다.

여행을 통해 정원이는 자신의 쓰임을 스스로 발견했다. 누군가의 도움이 되었다는 경험은 자존감을 가장 단단하게 만든다. '해야 해서'가 아니라 '할 수 있어서' 나서는 순간, 아이는 책임도 즐거움도 스스로 선택할 수 있다. 결국, 자신을 빛나게 하는 건 자기가 스스로 만들어낸 역할과 자리다.

 지구 한 바퀴, 마음 두 바퀴

아이에게 다른 사람을 도와야 한다는 말을 하나요?
다른 사람을 도울 수 있는 방법에 대해 아이와 이야기 나누어 보세요.

서둘러도 괜찮아, 믿어주면 크는 아이들

엄마와 아이의 속도는 같지 않다. 함께하기 위해서는 한 사람이 늦추거나, 한 사람이 속도를 높여야 한다. 끌고 가려고 하면 끌려간다. 함께 가기 어렵다. 속도가 빠른 쪽보다는 천천히 가는 쪽에 맞추는 게 좋다. 어른의 보폭으로 아이와 함께 가려고 하니 부모도 아이도 힘들다. '빨리해, 서둘러, 어서어서.' 무의식적으로 흘러나오는 말을 주워 담을 수 없다. 말을 참으려 해도 표정과 몸이 이미 그렇게 말한다. 엄마와 아이의 사이가 멀어진다. 사춘기 아이를 키우는 엄마들의 솔직한 고백이다.

"엄마, 잠깐 문 닫고 친구들이랑 게임할게."
"엄마, 내일 아침에 친구들이랑 소두방 공원에 축구하러 갈 거야."
"엄마, 시험 끝나고 여자 친구랑 광안리 가기로 했어."
"엄마, 나 지금 기분이 안 좋아."

"엄마, 이제 기분 괜찮아졌어."

정원이는 자신이 원하는 것을 자주 이야기한다. 기분을 표현하는 일도 자연스럽다. 하루에 아들과 열 번 정도 전화 통화한다. 대부분 정원이가 나에게 거는 전화이다. 어디에 있는지, 무엇을 하고 있는지를 나에게 알려준다. 그런 전화는 대부분 1~2분 안에 끝난다. 엄마에게 허락을 구하는 일은 별로 없다. 정원이가 어디를 간다고 해도 무엇을 한다고 해도 '응, 그래.'로 나의 대답은 간단하다. 그럴 만하니 그런다고 생각한다. 왜 그러냐고, 안 하면 안 되냐고 되묻지 않는다. 그 과정을 충분히 생각하고 내린 결정이라 생각하기 때문이다. 가끔 그렇지 않은 경우가 있겠지만, 그 또한 스스로 겪어봐야 다음에는 다른 방법을 선택할 수 있을 것이다. 아이들이 하려고 하는 일이 대단히 잘못되었거나 위험한 일은 아니다.

일과를 마치고 밤에는 1시간 넘도록 전화 통화를 하는 경우가 있다. 음성으로 통화하다가 화면을 켜고 얼굴 보며 통화한다. 그날의 이슈가 있다. 자신의 고민을 이야기하거나 친구들 이야기 들려준다. 대부분 듣는 편이다. 어떤 상황 이야기를 할 때면 정원이의 생각을 알 수 있다. 무엇을 소중하게 여기는지, 어떤 성향인지 파악하며 대화를 천천히 오래 나눈다. 정원이는 자유롭게 자신이 원하는 일을 한다. 그것에 대한 책임도 자신의 몫이다.

아침 영어 수업을 하는 학생 중에 중학생 딸을 둔 엄마가 있다. 가끔 서로 아이들 이야기를 나눈다. 하루는 걱정이 있다며 이야기를 꺼냈다.

딸아이가 빵이나 과자 만들기를 좋아한다고 했다. 홈베이킹을 자주 하는데 맛도 좋고 모양도 좋단다. '와우' 나는 연신 감탄했다. 그 엄마의 고민이 무엇인지 물었다. 취미로만 가끔 했으면 좋겠는데 시간을 너무 많이 쓴다는 것이었다. 나는 왜 취미로만 해야 하는지를 물었다. 공부하는 시간보다 베이킹하는 시간이 더 많으면 안 되는 거 아니냐고 했다. 방학이 곧 시작되니 딸을 학원에 다니면서 제대로 배우게 하면 어떠냐고 제안했다. 학원도 소개했다. 그런 생각은 안 해봤는데 한번 알아보겠다고 했다.

한 주가 지나고 다시 이야기했다. 같이 학원 가서 알아보고 왔는데, 딸아이가 제과와 제빵을 모두 배워보고 싶다고 했지만 설득해서 한 과목만 등록했다고 했다. 내가 더 아쉬웠다. 하고 싶은 것이 있을 때는 흠뻑 적셔야 하는데, 하는 생각이 들었지만 잘했다고만 해 주었다. 여전히 공부하는 시간에 더 많은 시간을 쓰는 것이 좋다고 생각하고 있었다. 재미있게 하고 있는 아이를 전적으로 지지하지 못하고 있었다. 몇 달이 지난 뒤 딸의 안부를 물었다. 학원 재미있게 다니고 실컷 하더니 요즈음은 시들해졌다 했다. 엄마는 괜한 걱정을 한 거였다.

아이들이 게임을 하면 부모들은 두 가지로 반응한다. 그렇게 게임할 거면 프로게이머가 되라고 하거나, 그렇게 못할 거라면 때려치우라고 한다. 축구를 좋아한다고 하면 손흥민처럼 안 할 거면 시작도 말라고 한다. 정원이가 기타 배우러 다닌다고 하니 주변에선 아이가 음악 쪽으로 나갈 거냐고 묻는다. 알 수 없다. 내가 아는 사실은 정원이가 기타에 관심이 생겼다는 것이다. 학원을 알아본다고 했다. 정원이가 알아본 학원을 함께 갔다. 통기타를 배우려고 갔는데 학원 가서 전기기타를 보더니 그걸로 하고 싶다고 했다. 기타도 추천받아 사고 앰프도 샀다. 정원이가 무엇을 하겠다고 하는 데에는 어떤 조건도 붙지 않는다. '이거 하는 대신 공부를 더 해야 한다. 아니면 기타 배우는 거 그만 해야 한다.' 보통은 부모들이 아이들과 협상한다. 그저 좋아하는 걸 하게 하면 되는데, 대신 하기 싫은 것도 하나 해야 한다고 하는 것이다. 그러면 어떤 선택을 하겠는가? 좋아하는 것을 위해 억지로 하기 싫은 것을 하기도 할 것이다. 혹시 하기 싫은 걸 안 하고 싶어 좋아하는 것까지 포기하는 건 아닐까?

사춘기 아이들과 소통이 어렵다고 하는 부모들이 많다. 원하는 것을 이야기하라고 해 놓고 결국 부모가 원하는 것으로 선택을 강요한다. 그러니 아이들이 말문을 닫는다. 자신의 의견이 무시당한다는 경험을 여러 번 하고 나면 어차피 안 될 것이라 짐작하고 말을 안 한다. '몰라, 아니, 없어.' 사춘기 아이들의 짧은 대답만이 올 뿐이다.

아이와 한바탕 했다고 하는 엄마들의 말을 가끔 듣는다. 어디 감히 엄마와 싸움 하는가? 싸움 대상이 된다고 생각하는 것조차 잘못이다. 부모는 자녀에게 훈육할 수 있다. 하지만 내 감정이 기분이 되면 안 된다. 짜증 내며 말하지 않는다. 소리 지르지도 않는다. 그렇게 하지 않아도 대화할 수 있다.

얼마 전 정원이 친구 엄마와 만나 차 한잔 나눈 적 있다. 딸 때문에 열 받았다며 이야기를 시작했다. 방 치우라고 했는데 치웠다고 해서 가 보니 그대로더란다. 엄마와 아이의 기준이 다른 거다. 아이는 본인이 불편하지 않을 정도로 치운 것이다. 엄마가 보기에는 아닐 수 있어도. 두 가지 방법이 있다. 아이의 기준을 인정해 주던가, 엄마가 직접 청소하고 정리해 주던가. 매번 해 주지 않을 거라면 돌아서서 방문 조용히 닫고 나와야 한다.

정원이는 가끔 침대와 책상의 배치를 바꾸며 기분을 전환한다. 책상을 싹 정리했다면 화상 통화하며 보여준다. 어릴 때부터 스스로 자신을 경영하는 방법을 만들어가게 하는 것이 필요하다. 시행착오를 겪어봐야 나은 결과를 만들 수 있다. 몸도 마음도 커지고 있다. 혼자서 할 수 있다는 일에는 부모가 힘 보태지 않았으면 한다. 도움이 필요하다고 할 때만 손 잡아주면 어떨까? 잘 해낼 것이다. 우리가 믿는 만큼 아이들은 천천히 성장할 것이다. 언제나 도움을 줄 수 있는 든든한 후원자가 있다는 것만 알게 해 주면 된다. 무엇이 불안해서 자꾸 짜증을 내고 화내는가? 불안해하지 말자. 몸과 마음 다해 진심으로 아이들이 무엇을 하든 응원하고 지지하면 된다.

"엄마가 도와 줄 일 있으면 이야기해."

물 흐르듯 두면 된다. 아이는 서툴고, 때로는 모자라도 스스로 해 보며 자라난다. 부모가 조급히 끌고 가기보다 믿고 기다려 줄 때, 아이는 자기만의 속도로 단단해진다. 믿어주는 부모 곁에서 아이는 실패조차 두려워하지 않는다.

지구 한 바퀴, 마음 두 바퀴

아이의 눈높이를 알고 있나요?
아이와의 대화를 협상 테이블로 만들지는 않았는지 생각해 보세요.

책임이 따르는 자유를 배우다

나는 스물두 살에 집을 떠났다. 경주에 있는 대학교에 편입하면서부터다. 부산에 있는 학교를 갈 수 있었는데도 구태여 집에서 먼 곳으로 편입했다. 혼자 살아보고 싶었다. 처음 6개월은 하숙하며 지냈다. 룸메이트가 순한 편이어서 힘들지는 않았다. 그래도 룸메이트도 나도 혼자만의 공간과 시간이 필요해 학교 근처 원룸으로 함께 이사했다. 윗집과 아랫집을 얻어 살았다.

경제적인 부분은 여전히 부모님께 의지하고 있었으니 완전한 독립은 아니었다. 아빠가 신용카드 하나를 만들어 주었다. 필요할 때 언제든지 쓰면 된다고 했다. 몇 번을 생각하고 썼다. 스스로 살림을 하게 되니 책임감이 생겼다. 당시에는 스물두 살에 독립하는 사람이 많지 않았다. 이른 나이였다. 어른으로서 내 삶은 스물이 아니라 스물두 살이 시작이었다. 스스로 경영해야 하는 환경이 만들어졌다. 언제 일어날지, 어디 가야 할지, 무엇을 해야 할지, 어떤 메뉴를 먹을지 등 모든 것을 내가 원하는 대로 선택할 수 있었다. 선택의 자유와 결과에 대한 책임도 함께 따라왔다. 기꺼이 책임을 받아들였다. 충분히 할 수 있다고 생각했다. 부모님이 잘 키워주셨으니 말이다.

정원이가 중학교 1학년 겨울 방학에 전학 이야기 꺼냈을 때 놀라지 않았다. 나의 독립이 떠올랐다. 정원이도 혼자서 해낼 수 있을 거라고 생각했다. 무작정 부모를 벗어나겠다는 호기도 아니었다. 정원이는 새로운 것, 낯선 것을 만나는 즐거움을 알고 있다. 더 큰 세상으로 가고 싶어 했다. 더 많은 친구와 학교에 다니고 싶다고 했다. 더 많은 경험을 하고 싶다고 했다. 배우고 싶은 것도 많았고, 알고 싶은 것도 많았다.

1학년 담임 선생님은 완강하게 반대했다. 예민한 시기이니 부모와 함께 있어야 한다고 했다. 나쁜 친구들과 어울릴 수 있고 공부를 안 할 수도 있다는 것이 선생님의 반대 이유였다.

1,000명 정도의 학생. 다양한 운동을 배울 수 있는 곳. 부모 도움 없이 어디든 편하게 갈 수 있는 대중교통. 정원이가 살고 싶은 곳에 대한 조건이었다. 담임 선생님의 반대 이유보다는 정원이의 이유가 더 합리적으로 여겨졌다.

전학 이후 일어날지도 모르는 어떤 상황들에 대한 걱정은 미리 하지 않았다. 어떤 문제가 생기면 그때그때 의논해 나가자고 했다. 대구, 부산, 창원, 서울 등 여러 곳을 고려했다. 부모님이 있는 부산 정관으로 정했다. 1월에 이사하고 전학을 준비했다.

"엄마, 내 말 들어줘서 고마워."

2024년 1월 중동 크루즈 여행을 마치고 일주일간 두바이에서 더 머물렀다. 크루즈 여행을 함께 했던 사람들은 대부분 한국으로 돌아가고 세 팀만 아파트를 빌려서 지냈다. 크루즈에서 내리는 날 70명이 두 대의 버스에 나눠 탔다. 한 대의 버스에 공항으로 가는 사람들의 짐을 실었다. 또 다른 버스에는 두바이에서 일정을 이어가는 사람들의 짐을 실었다. 스무 명 정도였다.

밤 9시에 관광 일정이 끝나고, 나와 한국으로 가는 사람들 환송하기 위해 함께 공항으로 갔다. 두바이에 남기로 한 사람들 버스는 정원이에게 부탁했다. 첫 번째 팀을 내려주고 난 다음 두 번째 아파트에 내려 체크인하고 들어가야 했다. 에어비앤비 호스트에게 받은 메시지를 정원이에게 보내 주었다. 로비에 도착해 관리인에게 예약 내용 보여주고, 엘리베이터를 타고 올라가서 비밀번호를 입력하면 숙소에 별 어려움 없이 들어갈 수 있다고 생각했다. '엄마, 집에 잘 들어왔어. 조심해서 와.' 정원이가 보낸 문자를 보고 걱정 없이 공항에서 일을 마무리했다.

하지만 집에 도착해서야 몇 가지의 어려운 상황이 있었다는 것을 알게 되었다. 정원이는 공항에 있는 나에게 이런저런 이야기를 하지 않았다. 공항에서 사람들을 보내느라 분주한 상황을 잘 알고 있었다. 본인에게 부탁한 일을 스스로 해내려고 했다.

첫 팀을 내려주려고 건물 앞에 세우고 버스 짐칸을 열었는데, 한 사람이 자신의 짐이 없다고 난리가 났다. 내리는 순서에 맞게 짐을 실었다.

짐은 앞쪽에 있어야 했다. 화내고 소리 지르는 사이 정원이는 버스 짐칸으로 기어들어 갔다. 정원이의 키는 185cm이다. 몸을 숙여 들어가 가방 한 개를 가지고 나왔다고 했다. 가방이 반대편으로 넘어가 있었다. 버스는 다음 아파트 정차를 위해 출발할 수 있었다.

정원이는 다섯 명과 두 번째 아파트에 내려야 했다. 큰 버스가 건물 앞까지 들어갈 수 없었다. 다시 돌려 나오기에 좁은 골목이었다. 아파트와 조금 떨어진 대로변에 버스를 세우고 짐을 내렸다. 정원이는 사람들을 내리게 한 곳에서 잠시 기다리게 하고 아파트 입구로 달려갔다. 관리인에게 상황을 얘기하고 도움을 청하려고 했다고 한다. 마침 아파트 로비에 수화물 실을 수 있는 카트가 있어 거리까지 가지고 나왔다. 짐을 모두 싣고 아파트로 갔다.

이제 열쇠 받아 집으로 가기만 하면 되었다. 따로 정보를 받은 것이 없어서 경비 직원에게 물었다, 방법을 알려줄 거라 생각했지만, 모른다고 했다. 에어비앤비 호스트에 메시지를 보냈다. 답이 없었다. 왓츠앱으로 전화했다. 받지 않았다. 밤 11시가 넘어가고 있었다. 로비에서 모두가 기다리는 사이 정원이는 10층을 몇 번을 오르락내리락 했다. 1시간이 지나서야 답변이 왔다. 현관 밖에 있는 키 박스 번호 알려주었다. 그 안에 열쇠가 있었다. 드디어 집으로 들어갔다. 오정원의 임무 끝. 나는 12시가 다 되어 집에 도착했다.

집에 오니 자다 깬 정원이가 나를 보고 웃는다. 엄마 없이 일행들을 챙기느라 마음 졸였을 정원이를 안아주었다. 과정을 지켜본 이모들이 정원이 칭찬에 쉴 틈이 없다. 열여섯 중학생은 어른들을 책임져야 할 나이는 아니지만, 여행클럽 회원들 이끄는 엄마 덕분에 일찍부터 '책임'을 알게 되었다. 자연히 배우게 되었다. '책임'은 무거운 짐만은 아니다. 이루어 냈을 때 얻게 되는 자유가 있는 것이다. 무엇이 먼저가 아니고, 자유와 책임은 늘 함께이다.

자유롭게 살고 있는 정원이를 친구들은 부러워한다. 자유롭게 살고 있는 내 삶도 마찬가지다. 그 자유를 위해 우리가 가졌을 책임은 전부 알지 못한다. 정원이는 자유를 누릴 자격이 있다. 스스로 해야 할 일을 찾아 할 줄 안다. 정성을 다해 그 일을 해내려고 노력한다. 정원이가 학교에 가 있는 시간에 가끔 학교에서 오는 문자 받는다. '오정원 학생 상점 1점 발생' 점수가 꽤 많이 쌓였다. 무슨 일인지 물으면 큰일 아니라는 듯 대답한다.

"선생님 수업 준비하는 거 도와드렸어."
"운동장 쓰레기 주웠어."

진짜 자유는 책임을 배울 때 비로소 가능해진다. 아이에게 믿고 맡긴 작은 경험 하나하나가 자립심을 키우고 결국 세상을 스스로 살아가는 힘이 된다. 부모가 모든 걸 대신하기보다 옆에서 지켜봐 줄 때, 아이는 스스로 해내는 기쁨을 배운다. 교실 밖에서 경험한 삶은 아이를 어른으로 자라게 하고 부모 역시 함께 성장하게 만든다.

 **지구 한 바퀴, 마음 두 바퀴**

아이가 스스로 책임을 질 기회를 주었나요?
책임을 다한 후 가질 수 있는 자유에 대해 아이와 이야기해 보세요.

'엄마와의 이별'을 준비하는 여행

    정원이가 초등학교 입학하는 해 3월에 호주로 와이너리 투어를 갔다. 부모님과 함께 살았던 때라 정원이를 부탁하고 떠날 수 있었다. 열흘간의 일정이었다. 8일째 되는 날 정원이가 병원에 입원했다고 엄마에게 전화가 왔다. 열이 내리지 않는다고 했다. 호주에서 당장 갈 수는 없었다. 화상통화를 했다. 두 밤 자고 만나자고 하며 정원이를 달랬다. 한국에 도착하자마자 병원으로 곧장 갔다. 내가 병원에 도착하고 1시간 만에 정원이는 정상 체온이 되었다. 엄마는 그 어떤 항생제보다 강한 치료제였다.

    정원이가 초등학교 저학년 때 학교에서 1박 2일 캠프를 간 적이 있었다. 필요한 것을 직접 챙기면서 짐을 쌌다. 무엇을 챙겼는지 궁금해서 떠나기 전날 방에 펼쳐 놓은 가방을 보았다. 기내용 캐리어를 가득 채우고 있는 것이 있었다. 정원이의 침대 베게 옆에 있던 인형이었다. 큰 인형을 왜 챙겼냐고 물었다.

"거기에는 엄마가 없잖아."

챙겨간 인형이 엄마 없는 하룻밤을 위로해 주었다. 엄마는 치료제가 된다. 없으면 허전한 때가 있다. 엄마를 하루에도 수십 번 부르던 아들이 중학교 2학년 때 독립했다. 한 달에 두 번 정도 만난다. 창녕과 부산은 1시간 반이면 충분히 갈 수 있는 거리이다. 자유롭게 일하는 나는 언제든지 아들을 만나러 갈 수 있다. 그럼에도 매주 가지 않는다. 열일곱 살이 된 아들에게 물었다. 얼마에 한 번씩 엄마를 보러 가면 좋겠냐고. 2주에 한 번 정도면 좋다고 했다. 그렇게 합의가 된 만남이다.

창원대학교에서 와인 수업을 들었던 수강생 중에 '빈 둥지 증후군((Empty Nest Syndrome)'으로 고생한 60대 여성을 만난 적 있다. 빈 둥지 증후군은 자녀가 독립하여 집을 떠난 부모들이 경험할 수 있는 감정적 상태를 의미한다. 자녀가 성장하여 자립적인 삶을 시작하는 과정에서 외로움, 상실감, 그리고 불안감을 느낀다. 20년이 넘도록 부모로만 살았던 사람이었다. 아이가 없는 집에 혼자 들어가기 싫어 남편이 퇴근할 때까지 기다렸다가 들어갔다고 했다. 부모로서 역할이 줄어들며 자신감도 잃었다. 독립한 자녀의 안전에 대한 부분도 걱정되었다고 했다. 기쁨과 슬픔의 감정을 오락가락하며 불안한 상태를 보이고 있었다. 나에게도 곧 찾아올 시간일 거라고 생각했다.

정원이가 스무 살이 되면 이별 여행을 떠날 계획을 하고 있다. 아들과 함께 산티아고 순례길을 걸을 것이다. '까미노 데 산티아고'는 단순한 순례길이 아니다. 도전과 성찰, 변화로 가득 찬 삶 자체에 대한 은유이다. 연간 30만 명 이상이 각자의 이유로 산티아고 순례길을 찾고 있다.

스무 살 되는 아들과 함께 이 여행을 준비하는 나에게도 깊은 의미가 있다. 부모 자식 관계에서 인생을 함께 걷는 두 어른으로 전환하기 위한 작별식이다.

엄마가 되고 아이를 키우는 것은 특권이자 그 자체가 축복받은 여정이다. 아이가 성인이 되어 자신의 세계로 들어가야 할 때가 되면 함께여야 했던 시간을 포기해야 할 때가 반드시 올 것이다. 까미노는 성인이 되는 정원이를 축하하는 여행이다. 성장과 성숙을 축하하는 동시에 어린 시절의 정원이와 작별을 고하는 통과 의례가 되기를 바란다. 한 걸음 한 걸음 함께 걸어가면서 더 큰 삶의 여정에서 파트너로서 연결되어 있다는 것을 확인시켜 주고 싶다. 분리되고 독립적인 삶을 살아갈 준비를 하게 되기를 바란다.

우리 관계를 재구성하고 공유된 경험을 만들면 '빈 둥지'라는 정서적 공허함을 방지할 수 있을 것 같다. 아이가 떠나는 것을 슬퍼하는 대신 카미노에서 보낸 시간이 추억이 되어 지속적인 연결을 만들어 줄 것으로 기대한다.

　여정이 끝나면 우리는 의무에 얽매인 부모와 자식이 아닌 삶의 동반자가 된다. 서로를 존중하고 서로의 길을 변함없이 지지하는 두 개인으로 나타날 것이다. 이별은 끝이 아니라 시작이다. 까미노는 변화를 위한 무대이며 과거를 존중하면서 미래를 포용하는 방법이다.

　이런 나의 계획을 정원이에게 이야기했다. 순례길이 끝나면 각자의 여행을 하고 따로 돌아와야 한다고 했다. 같이 돌아가면 안 되냐고 되묻는 정원이를 보며 그냥 웃었다. 멋지게 어른이 될 정원이가 모습을 그려본다. 정원이가 스무 살이 되려면 2년이 남았다. 이미 4년 전에 집을 떠난 정원이는 또래 아이들보다 성숙한 편이다. 삶에 대한 고민을 한다. 자신은 물론 다른 사람을 위하는 삶을 살아야 한다는 것도 안다.

　여행을 가서 늘 사람들을 챙겨야 하고 앞장서서 뭔가를 해야 하는 나에게 이렇게 물었던 때가 있었다.

"내 엄마만 하면 안 돼?"

안 된다고 대답했다. 나의 페르소나는 여러 가지이다. '딸, 아내, 엄마' 가족과 연결 되어있는 나의 모습이다. 작가. 와인 교육가. 책 쓰기 코치. 여행 기획자. 어느 것 하나 소중하지 않을 것이 없다. 여러 가면을 바꿔가며 '정원희'의 삶 살아가고 있다.

쉰이 되면 '한 달 여행'을 가고 싶었다. 대학 교수를 그만두면서 내가 가장 행복했던 시간을 떠올렸다. 20대에 클럽메드에서 일하면서 전 세계에서 온 사람들을 만났을 때였다. 가고 싶은 곳이 있으면 어디든지 갈 수 있는 삶을 살기를 원했다. 짐을 쌌다 풀었다 하는 여행이 아니라 현지인이 되어 사는 여행을 하고 싶었다. 해외 유학 생활도 해 보고 싶었다.

2024년 12월 몰타로 떠났다. 한 달간 몰타에서 영어 연수도 하고 여행도 하며 현지 살이를 했다. 아내가 되고 엄마가 된 이후로 이렇게 길게 여행을 떠나는 것은 처음이었다. 남편도 정원이도 나의 여행을 지지해 주었다. 가끔 통화하고 하루에 한두 번 카톡방에 소식을 전한다. 서로의 위치를 알려주는 앱에서 세 개의 점으로 우리를 확인한다. 함께 있지 않아도 나는 여전히 남편의 아내이고 정원이의 엄마다.

여행의 본질은 잠시 떠나는 것이다. 물리적으로 거리를 두면 가까이 있을 때 보지 못하는 것을 볼 수 있다. 2002년에 결혼하고 20년 넘게 남편과 함께했다. 부부간에도 부모와 자식 간에도 독립된 존재로 살아갈 수 있게 해 주는 이별식이 필요하다. 쉰이 되어 시작한 나의 '한달살이'는 계속될 것이다. 잠시 이별하는 시간을 통해 우리 가족은 더 단단해진다.

각자의 삶도 멋지게 살아갈 수 있을 거라 생각한다.

이별은 끝이 아니라 서로의 삶을 존중하는 새로운 시작이다. 함께였던 시간은 언제나 우리를 이어주는 다리가 된다. 아이가 떠나는 것을 두려워하지 말고, 아이가 자기 길을 당당히 걷는 걸 축복할 용기가 필요하다. 가장 가까운 거리에서 각자의 인생을 응원하는 동반자가 되면 된다.

5장

여행이 키운
아이들의 성장 비밀

"성공은 최종이 아니며, 실패는 치명적이지 않다.
중요한 것은 계속해 나가는 용기다."

윈스턴 처칠

실패를 두려워하지 않는 아이

정원이는 중학교에 빨리 가고 싶다고 했다. 중학교에 가서 1년을 보낸 정원이는 초등학교 때와 다를 게 없다고 했다. 새로운 친구들을 많이 만날 수 있을 거라는 기대를 했지만, 초등학교 친구들이 거의 모두 같은 중학교로 배정됐기 때문이다. 중학교가 없는 지역에서 온 몇 명 친구를 더해 전교생은 200명 정도였다.

정원이는 학생 수가 1,000명이 넘는 학교에 다녀보고 싶다고 했다. 여러 종류의 운동을 배우고 싶어 했다. 친구들과 마산에 있는 로봇랜드에 놀러 가고 싶어 했는데 데려다 줄 어른이 없었다. 창녕에 있는 복싱 학원도 내가 매일 데려다주고 데리고 올 수 없어 계속 다니지 못했다. 시골은 도시처럼 대중교통이 자주 있지 않다. 영산은 중학생 정원이에게 너무 작은 마을이었다.

원하는 환경에서 살아보고 싶어 하는 아이를 위해 친정 부모님이 있는 부산 정관으로 전학하기로 했다. 조건에 맞는 곳이었다. 학년별로 열 개의 학급, 전교생이 1,000명 정도의 중학교가 부모님 댁에서 도보거리에 있었다. 정관은 인구 7만이 넘는 신도시로 각종 편의 시설이 충분한 곳이었다.

1월에 이사하고 전학 절차를 진행했다. 이사 가자마자 복싱 체육관에 등록했다. 정원이는 데려다주지 않아도 학원에 갈 수 있었다. 친구들과 영화관에도 자주 갔다. 혼자서 밥도 먹고, 아파트 단지 옆에 있는 자강천을 따라 달리기를 자주 하러 갔다.

정원이가 전학 가고 싶다고 했을 때 담임 선생님은 완강히 반대했다. 예민한 시기에 부모와 떨어져 지내면 문제가 생길 거라고. 공부를 열심히 하지 않는데 나쁜 아이들과 어울릴지 모르니 곁에 두는 게 좋겠다고 했다. 선생님이 당시 '좋지 않은 아이들'이라 표현한 아이들은 성적이 좋지 않은 아이들이었다. 그렇게 구분하는 선생님 이야기 덕분에 내 결정은 더 쉬웠다.

두려운 감정은 해 보지 않아서 생기는 것이다. 두려움을 없애는 유일한 방법은 그냥 하는 것이다. 그 감정이 사라질 때까지 반복한다.

남편과 나는 정원이의 의견을 존중했다. 잘 해낼 거라는 믿음도 있었다. 혹시 힘들다면 언제든 돌아올 수 있다고도 이야기해 주었다. 정원이는 자신의 말을 들어준 남편과 나에게 고맙다고 했다. 정원이를 보내면서 뒤에 서 있기로 했다. 먼저 나가서 불 밝혀 주기보다는 뒤에서 그 불을 밝히고 있겠다고 했다. '엄마 아빠가 네 뒤에 있어. 가다가 힘들면 언

제든 뒤돌아봐도 돼. 잠시 쉬었다 가도 돼.'

  2016년 3월 베니스는 정원이와 함께한 여행이었다. 사람들로 넘쳐나는 유명한 관광지이지만 3월의 베니스는 우산을 들고 걸어도 될 만큼 여유로웠다. 우리는 호텔 바로 옆에 있는 산마르코 광장 쪽으로 걸어갔다. 자동차가 없고, 매력적인 좁은 골목길로 가득한 베니스 탐험을 광장으로부터 시작하기로 했다. 길가에는 르네상스 시대 건물이 가득했다. 좁고 어두운 골목을 지나면 작은 다리로 이어지는 다음 블록을 만난다. 베니스는 400개가 넘는 다리들로 연결되어 있는 수상도시이다. 골목 여행의 뜻밖의 선물은 골목 끝에서 만나는 광장이다. 공연도 하고, 시장도 열린다. 광장 중심에서 사방으로 펼쳐진 골목길이 또 다른 길로 이끌었다.

  광장의 벤치에 앉아 잠시 쉬었다가 다시 일어났다. 여러 개의 골목 중 한 골목을 선택했다. 잠시 방심해서 길을 잃었다. 비슷하게 생긴 건물들 사이의 골목에서 미로 속에 있는 사람처럼 이곳저곳으로 방향을 잡아보았다. 구글 지도를 켜고 길 찾기를 시도하다가 그마저도 꺼버렸다.

  그냥 가 보고 싶은 길로 가기로 했다. 어느 골목으로 가든 처음 가 보는 곳이니 손해 볼 것 없다는 생각이었다. 몇 바퀴 같은 자리를 돌고 나면 우리 동네처럼 익숙해질 것이다. 매번 다른 길로 가도 좋고, 익숙한 길을 만나도 좋다. 서두를 필요 없는 여행의 시간이다. 베니스 여행을 하면서 한 번도 길을 잃지 않는다는 것은 기적일 것이다. 인생을 살면서 단 한 번의 실패도 하지 않는 것도 기적일 것이다. 길을 잃었을 뿐이고, 실패했을 뿐이다.

길을 잃어도 좋다고 생각하고 떠나는 여정은 즐겁다. 두려움이 아닌 설렘으로 탐험할 수 있다. 운이 좋게 길을 잃지 않았다면 감사할 따름이다. 하지만 그 또한 알 수 없다. 무엇이 빠르고 바른 길이었는지를 경험한 만큼만 알 수 있는 것이다.

사진 찍기 좋은 곳에서 잠시 머물고 다시 사람들 소리가 들리는 쪽으로 길을 따라갔다. 그러다 보니 번화한 곳으로 가게 되었다. 수백 개의 베니스 다리 중 가장 아름답다던 리알토 다리를 만나게 되었다. 구글 지도대로라면 걸어서 10분이 채 안 되는 거리를 거의 1시간 만에 도착했다. 10분 만에 갔든, 1시간이 걸렸든 그 여정을 즐긴 정원이와 나는 행복했다. 화려한 리알토 다리보다 우연히 만난 골목을 기억하고 더 그리워하게 될 것이다.

여행에서는 매 순간이 도전이다. 방향을 정해야 하고 갈림길에서 매번 선택해야 한다. 요즘은 지도 들고 길을 찾을 때보다 훨씬 쉬워졌다. 스마트 폰 구글 지도 앱이 상세하게 알려준다. 위성에서 내가 있는 곳을 찾는다. 구글 지도 위에 내가 서 있는 자리에서 파란 점이 깜빡인다. 동서남북이 헷갈려 어디로 가야 할지를 모를 때도 많다. 하지만 가고 싶은 곳을 검색하고 한 발짝이라도 움직여야 바로 가는지 틀리게 가는지 알 수 있다. 일단 움직여본다. 한 10분을 걸어가다가 파란 점이 알려준 길의 반대 방향으로 가고 있다는 것을 보게 되는 경우도 있다. 뒤돌아 다시 걸으면 된다. 시작한 자리로 돌아간다. 가끔 잘못된 길로 너무 멀리 와 버린 나에게 다른 길을 제시해 주기도 한다. 이런 것을 두고 실패라 부르는가? 겨우 10분 동안 잘못된 방향으로 갔을 뿐인데.

정원이는 실패를 두려워하지 않는 것이 아니다. 자주 길을 잃은 경험이 쌓여 실패해도 된다는 것을 배운 것이다. 우리가 어떤 선택을 할 때 얼마나 성공을 확신하고, 또 얼마나 실패를 확신하는가? 만약 정원이 담임 선생님 걱정대로 일어나지도 않은 일이 두려워서 전학하지 않았더라면 어땠을까? 하지 않을 이러저러한 이유보다 하고 싶은 한 가지 이유가 있다면 그 길을 그냥 가 보라고 한다. 가 보지 않은 길을 갔을 때 우리가 만나는 것은 성공 아니면 실패가 아니다. 성공과 경험이다.

여행에서 길을 잃어도 스스로 길을 찾아본 아이는 인생에서도 두려움 없이 새로운 길을 선택할 수 있다. 실패는 더 좋은 방향을 찾기 위한 경험일 뿐이라는 걸 몸으로 배운다. 그래서 어떤 선택 앞에서도 망설이지 않고 삶을 주도적으로 살아갈 용기를 갖게 된다.

 지구 한 바퀴, 마음 두 바퀴

아이에게 실패해도 된다고 말해 준 적 있나요?
나는 어떤 실패를 했는지 생각해 보고 아이와 이야기 나눠 보세요.

낯선 환경에 노출이 필요해

3학년 반 편성을 기다리는 정원이에게 어떤 친구와 같은 반이 되면 좋겠냐고 물었다.

"원래 알았던 친구들 말고, 모두 모르는 친구들이랑 같은 반이 되면 좋겠어."

친한 친구 몇몇 이름을 이야기할 줄 알았는데 의외의 답변이었다. 이유를 물었다. 친했던 친구들은 다른 반이 되어도 잘 지낼 수 있으니 잘 알지 못하는 친구들이랑 새로 사귀고 싶다고 했다. 고등학교를 갈 때도 반응이 비슷했다. 축구를 같이하던 친한 녀석들 대부분은 정관고로 가고 정원이만 신정고로 가게 되었다. 정원이는 서운해하지 않았다. 다른 중학교에서 온 새로운 친구들을 많이 사귈 수 있으니 좋다고 말이다. 주말이면 중학교 때 같이 운동했던 친구들과 운동한다. 영산에 올 때면 영산 친구들을 소집한다. 농구, 풋살 등을 하다가 다시 집으로 몰려와 논다. 부산 친구들이 영산으로 와서 함께 운동한 적도 있다. 두 지역 친구를 연결하는 역할도 하게 되었다.

아이들은 낯선 사람들에게 경계심을 가진다고 한다. 이는 스스로 보호하려는 본능적인 반응이다. 여행은 이러한 본능을 즐거운 경험으로 바꿔 놓았다. 낯선 환경을 새롭게 바라보게 만드는 특별한 경험을 제공해 준 것 같다.

여행클럽을 10년째 운영 중이다. 지난 10년간 1,000명이 넘는 사람들과 여행했다. 정원이와 함께 한 서른 번 중 절반 이상을 함께한 회원도 여러 명 있다. 여행을 시작하던 일곱 살 때부터 정원이의 성장을 지켜본 사람들이다. 함께 했던 이모, 삼촌들이 정원이를 키웠다고 이야기한다. 팀을 이끄는 나를 대신해서 정원이를 챙겼다. 조그만 행동 하나에도 아낌없는 칭찬 해 주었다. 미션에 도전하는 정원이에게 용기를 주고 격려해 주었다.

여행 준비가 시작되면 카카오톡 채팅방이 만들어진다. 정원이도 초대한다. 누가 함께 여행을 가게 되는지 살핀다. 채팅방을 보다가 낯선 이름이 나오면 물어본다. 누구의 친구인지, 나와는 어떤 인연으로 함께 여행하게 되었는지도 알려준다. 이름으로 먼저 익힌 사람들을 공항에서 만나거나 여행지에서 만나면 먼저 인사를 나눈다. 많은 사람들이 함께 여행하다 보니 반드시 보니 모든 멤버가 서로에게 만족스럽지는 않다.

"엄마, 아까 숙희 이모 얼굴 봤어? 표정이 좀 안 좋은 것 같았어. 무슨 일인지 한번 알아봐."

사람들의 표정을 보면서 상황을 살피고 문제를 알아차린다. 숙희 언니에게 가서 물었다. 방을 같이 쓰는 친구들과 불편해서 그렇단다. 여행 전에 친한 친구들이라도 방을 따로 쓰라고 늘 권하지만, 대부분은 친하니 괜찮다고 한다. 여행 시작되고 며칠 지내다 이런 경우들이 종종 생긴다. 방 하나를 더 알아봐 줄 수 있냐고 물었다. 이미 모두 방이 차서 여분의 방은 없었다. 나는 여행이 끝날 때까지 조금씩 양보하고 지내라 당부했다. 여행에서 생기는 문제는 물론 해결되는 과정을 보는 것도 유익한 경험이다.

여행 마지막 날 정원이는 바쁘다. 우체부 역할을 해야 한다. 함께 여행한 지역의 엽서를 사서 손 편지를 쓴다. 나와 함께한 여행을 좋은 기억으로 남겼으면 하는 바람을 담는다. 한 사람 한 사람을 생각하여 글을 쓰고, 그 엽서를 배달하는 일은 정원이가 맡는다. 이미 기억해 둔 명단 덕분에 배달이 수월하다. 여행이 짧은 경우에는 이름이 헷갈려 몇 번 확인하고는 엽서 주인을 찾아간다. 사람들에게 줄 엽서를 고르는 일도 여행 중에 함께 하는 루틴 중 하나다.

정원이가 여행하는 사람들과의 인연을 소중하게 여길 수 있으면 좋겠다. 함께 여행한 사람들, 가이드, 호스트, 혹은 현지인. 단체 여행 중에 만난 또 다른 가족들. 여행 중 만남은 호기심과 상호 존중으로 이루어진다. 낯선 사람들과의 안전하고 의미 있는 소통 경험이 쌓였다.

반복적으로 긍정적인 만남을 경험하면서 정원이는 모든 낯선 사람이 두려움의 대상이 아니라는 것을 배웠다. 스스로가 처음 만난 사람들과도 이야기를 공유할 수 있는 사람이라는 사실을 깨달았다. 언어가 달라도 표정과 몸짓만으로도 친절을 베풀 수 있었다.
 아이든 어른이든 경계심을 가지는 것은 당연한 본능이다. 때로는 손을 내밀고 연결하며 신뢰하는 것도 괜찮다는 것을 여행이 가르쳐 준다. 이 가르침은 여행뿐만 아니라 삶에서도 매우 소중한 자산이 되었다.

 여행에서 맛본 새로운 음식은 단순히 미각의 즐거움에 그치지 않았다. 두바이에서 화덕에 구운 양고기와 따뜻한 난을 먹을 때, 베트남에서 고수 가득한 분짜를 맛볼 때, 그리스에서 식사 후 꿀 넣은 그릭요거트를 즐길 때도 마찬가지였다. 정원이는 단순히 음식의 맛이 아닌 그 음식이 가진 이야기를 경험했다. 음식은 문화와 전통 역사를 이해하는 또 다른 언어라는 것을 배웠다. 이를 통해 새로운 것에 대한 호기심과 열린 마음을 키웠다. 이러한 태도는 음식뿐만 아니라 다른 모든 낯선 경험을 받아들이는 자세로 확장되었다.
 여행은 단순히 장소를 방문하는 것이 아니었다. 변화를 위한 여정이었다. 이 여정을 통해 정원이는 공감하고 호기심을 가지며 도전과 감사의 가치를 아는 사람으로 성장했다. 이러한 배움은 책에서 얻을 수 있는 것이 아닌 세상이 직접 가르쳐준 것이다. 여행은 우리에게 끊임없이 배우고 영감을 주는 선물이며, 집으로 돌아온 이후에도 낯선 것을 대하는 태도는 그대로 이어졌다.

낯선 사람을 두려워하기보다 먼저 손 내밀고 다가갈 줄 아는 아이. 여행으로 그런 마음을 키웠다. 새로운 환경에서도 움츠러들지 않고 호기심과 존중으로 사람과 세상을 대하는 법을 배웠다. 그 태도가 정원이를 어디서든 당당하게 따뜻하게 살아가게 할 것이다.

자신이 원하는 것을
찾아가는 과정

"엄마, 나는 5시간 동안 운동은 해도 책상에는 못 앉아 있을 것 같아."

좋아하는 걸 계속하면 된다고 답해 주었다. 좋아하는 일은 하다가 힘이 들어도 계속할 수 있다. 어떤 일을 해도 한계와 장애물을 만난다. 좋아하는 일을 한다면 그조차 기꺼이 해낼 수 있다고 믿기 때문이다. 운동을 계속하면 몸이 좋아질 것이다. 185cm, 73kg, 작은 얼굴, 호리한 체격인 정원이에게 모델이 되어보는 건 어떨지 물었다. 재미있겠다고 했다. 패션에도 관심이 많았다. 모델학과가 있는 고등학교를 알아보고 나에게 알려주었다.

내가 모르는 분야이니 도움 줄 수 있는 사람이 주변에 있는지 찾았다. 중학교 2학년인 정원이가 해야 할 일이 무엇인지를 알려줄 수 있을 것 같았다. 보이스 코치 최윤정 아나운서의 소개로 한국모델협회 회장이자 대덕대학교 모델과에 재직 중인 임주완 교수를 정원이와 함께 만났다. 전문가와의 연결까지가 내 역할이었다. 직접 만나 궁금한 것을 물었다. 남자의 경우 전성기가 조금 늦게 온다고 했다. 지금부터 너무 집중해서 준비하지는 말라는 조언을 들었다. 단순히 공부가 싫다고 모델을 하면 안 된다고 했다. 이왕이면 똑똑한 모델이 더 멋지지 않겠냐며 정원이를 보며 물었다.

부산 대연동에 있는 '섬모델아카데미'를 소개받았다. 주말반에 등록했다. 토요일, 일요일 매주 3시간씩 수업이 있었다. 정관에서 버스와 지하철을 번갈아 타고 2시간 가까이 걸리는 거리였다. 여행과 축구 경기가 있었을 때 말고는 한 주도 빠지지 않고 꼬박 1년을 다녔다. 패션쇼 참여도 몇 번 했다. 재미있어했다. 힘들기만 하고 좋아하는 일이 아니었다면 그렇게 하지는 못했을 것이다.

고등학생이 되면서 꿈에 대해 고민했다. 모델이 좋기는 하지만 하나의 직업으로는 충분하지 않을 것 같다고 했다. 패션쇼 무대를 몇 번 경험하고 주변에 활동하는 모델들을 알게 되면서 직업에 대한 다른 관점이 생겼다. 나에게 무엇을 하면 좋을지를 물었다. '좋아하는 일, 돈도 버는 일, 내가 하는 일로 누군가를 도울 수 있는 일.' 세 가지 조건을 만족하는 일을 찾아보라고 조언했다. 좋아하는 일은 절대 포기하지 말라고 했다. 만약 어떤 일을 하는데 돈을 못 번다면 돈 버는 다른 일 하나를 찾으면 된다고 이야기해 주었다. 특정 직업을 추천하지는 않았다. 정원이의 꿈을 찾기 위한 노력은 계속되었다.

1박 2일 간부 수련회를 다녀오는 날, 전화가 왔다. 흥분된 목소리였다.

"엄마, 드디어 내 꿈을 찾았어. 체육 선생님이 될 거야."

체육 선생님이 되고 싶은 두 가지 이유를 말했다. 첫 번째는 모든 운동을 좋아하기 때문이다. 두 번째는 학교를 좋아하는데, 졸업하면 학교를 더 이상 갈 수 없으니 체육 선생님이 되어 학교를 계속 다니고 싶다고 했다. 이유가 분명했다. 정원이는 체육 선생님이 되기 위해 갈 수 있는 대학 학과를 조사했다. 입학 전형도 살폈다. 학교 선생님과 상담했다. 그런 다음 나에게 도움을 청했다.

수학 공부를 시작해야 한다고 했다. 이전까진 수학이 싫고 해야 할 이유 없어 하지 않겠다고 했었다. 재미있게 하고 있는 영어 학원만 계속 다녔다.

영산에서 초등학교 다니던 시절 학원에 친구들이 모두 있어 본인도 학원이나 가볼까, 하며 물은 적이 있다. 그때 정원이에게 이야기해 주었다.

"좋아하는 것을 더 잘하고 싶으면 학교에서 먼저 하고 학원 가서 더 배우는 거야."

그 말은 들은 정원이는 그럼 수학은 아니라고 했다. 학교 수업이 끝나고 나서 하는 방과 후 수업 과목도 늘 정원이가 직접 선택하고 나는 서명만 했다. 배드민턴을 좋아해서 영산에서 학교 다니는 동안 개인레슨을 받았다. 수영도 선수 반에서 연습할 정도로 모든 자세를 잘하게 되었다. 초등학교 1학년 때부터 배웠던 우쿨렐레는 학교에 수업이 없어지고 나서도 수업 나오던 선생님께 초등학교 졸업할 때까지 배웠다. 같은 선생님께 피아노도 배워 몇 곡 정도는 악보를 보며 연주할 수 있게 되었다.

할아버지가 치던 통기타를 집에서 몇 번 만져보더니 한번 배워보고 싶다고 했다. 기타 학원을 알아보고 등록하러 갔다. 기타 학원에 간 첫날 전기기타를 보고는 함께 배워보고 싶다고 했다. 일주일에 두 번 레슨을 받으러 가고 영상 통화로 배운 곡을 들려주었다.

수학 학원을 다녀야겠다 정하면서 기타 학원은 그만두었다. 시간이 부족했다. 주말에도 수학 공부하러 학원 가야 하니 모델 학원도 그만 다녀야겠다고 했다. 원하는 것을 하기 위해 하기 싫은 것을 해야 하는 순간이 왔음을 알게 되었다. 아이는 우선순위를 정하고 있었다. 학원을 가기로 하는 것도 그만하기로 하는 것도 모두 정원이가 결정했다. 시작하는 이유도 그만두는 이유도 늘 분명했다. '그냥'은 없었다. 정원이는 신중한 편이다. 물건을 살 때도, 어딘가를 가기로 정할 때도 여러 번 생각 후 나에게 의견을 구한다. '재미있겠다. 괜찮네. 대박이다.' 등이 내가 자주 하는 말이다. 무조건 정원이의 말만을 듣는 것이 아니다. 이유를 물으면 왜 그것을 원하는지가 분명하고, 하지 말아야 할 이유가 없으면 정원이의 결정대로 하는 것이다.

가 보지 않은 길에 대한 걱정 때문에 기회를 뺏고 싶지 않다. 여행에서 우리가 만나는 길의 거의 대부분은 처음 가는 길이다. 해 보지 않은 것이고, 먹어보지 않은 것이다. 법을 어기거나 위험을 경고하는 일을 제외하고는 무엇이든 도전한다. 내가 하고 싶은지 하고 싶은 않은지만 정하면 된다. '할래?' 하고 물어놓고, '아니 별로야.'라는 답에 '그런데'라고 덧붙이지 않는다. 이미 답했는데 다시 내 의견을 강요하려면 물을 필요가 없다. 내가 하고 싶은 것과 정원이가 하고 싶은 것이 다를 때는 각자 따로 하거나 한 사람이 양보한다. 지난 10년간 서른 번이 넘는 여행을 하며 서로 화내거나 얼굴 붉힌 적 없다. 좋은 여행 친구다.

   수학 공부를 시작하고 6개월쯤 지났을 때였다. 영산에 왔다가 부산으로 데려다주는 차 안에서 정원이가 성적 이야기를 꺼냈다. 나는 정원이의 성적표를 받아본 적 없다. 보통은 시험을 친 날 점수를 매기고 본인의 성적을 나에게 이야기해 준다. 잘한 것, 실수한 것, 지난번보다 잘 본 것, 오로지 비교는 자신과의 비교뿐이다. 이미 스스로 성적을 파악하고 있으니 내가 그걸 가지고 기죽일 필요는 없다. 성적을 더 올리고 싶은 사람이 공부해서 결과를 만들어야 한다. 내가 대신해 줄 수 있는 공부는 없다.

"지금 성적대로라면 내가 원하는 대학을 갈 수 없어. 조금 더 전략적으로 공부하고 이끌어줄 선생님이 필요해. 스파르타 학원 같은 곳이라도 들어가서 할 수만 있다면 그렇게 하고 싶어."

   아이는 간절히 원하고 있었다. 정관으로 돌아간 정원이는 새로운 학원을 알아보았다. 공부 잘하는 친구를 여러 명 만나보고 가고 싶은 곳을 정했다고 했다. 최종 두 곳을 나에게 주었다. 내가 전화 상담을 먼저하고 정원이도 상담하러 갔다. 학원을 옮기고 5개월째다. 정원이와 공부에 대해 함께 고민하고 도와 줄 수 있는 선생님이 생겼다. 만족하며 잘 다니고 있다. 꼭 해내고 싶다는 의지도 체력도 가득 충전되어 있다. 안 하던 공부 하느라 힘들지 않냐고 물으면 실컷 놀았으니 괜찮다고 한다. '존경받는 사람, 멋진 사람'이 되고 싶단다. 스스로 결정하고 행동하는 정원이가 자랑스럽다.

여행은 낯선 길 위에서 내가 찾고 싶은 것에 온전히 몰입할 힘을 준다. 원하는 것을 찾는 과정에서 겪는 좌절과 실패도 두렵지 않다. 그 경험들이 쌓여서, 결국 어디에 있든 나만의 답을 찾을 수 있게 된다.

혼자 살 수 없다는 걸 깨닫다

정원이와 함께한 여행에서 단둘이었던 적은 거의 없다. 항상 여행클럽 회원들과 함께 준비하고 떠났다. 따로 비행기를 타고 가서 현지에서 다른 사람들을 만나는 경우들도 가끔 있었다. 여러 사람들의 도움을 받으며 여행을 해 왔다. 덕분에 정원이는 처음 보는 사람들과 이야기 나누고 밥 먹고 여행을 즐기는 것을 어려워하지 않는다. 전혀 모르는 사람을 길에서 도와주는 일도 자연스럽다. 오히려 새로운 사람들 만나는 것을 즐기게 되었다.

나는 여행클럽의 리더로 항상 앞장서서 다른 사람들을 챙겨야 했다. 엄마와 함께 있지 못했던 시간에는 다른 사람들이 정원이를 돌봐 주었다. 나를 대신해서 밥을 챙겨주기도 하고 함께 기다려 주었다. 서로를 챙기고 돕는 모습들을 보았다. 그런 모습을 보며 자랐다. 어린 시절 자신의 엄마이기만을 바라던 때도 있었다. 누구든 사람들을 도와 내가 할 수 있는 일이 있다면 해야 한다고 늘 말했다. 각자가 할 수 있는 것을 하면 된다는 것을 알려주었다. 힘이 있거나 능력이 된다면 그것을 쓰는 것이 맞다.

여행에서 다른 사람들과 협력해야 하는 순간이 있다. 단체 여행에서 누군가가 길을 안내하고 다른 누군가는 식사를 준비하며 각자의 역할을 나눌 때 우리는 함께하는 삶의 중요성을 느낀다. 내가 모든 것을 완벽히 해내려고 노력하기보다는 서로의 강점을 활용하여 더 나은 결과를 만들어낼 수 있음을 깨닫는다.

6학년이 되자 학생회장에 출마하겠다고 했다. 수줍음 많고 남들 앞에 나서기 부끄러워하던 모습이 더 이상 아니었다. 정원이는 선거 준비를 위해 친구들에게 부탁했다. 그림 잘 그리는 친구, 글씨 잘 쓰는 친구. 함께 피켓을 만들고 친구들과 선거운동 했다. 친구들이 가진 강점을 잘 파악하고 있었다. 본인이 가지지 못한 점은 친구들 도움으로 해결했다. 나는 돕지 못했다. 선거법 위반이라 했다.

그림 잘 그리는 친구 현율이는 정원이 모습을 포스터로 그렸다. 통통한 볼, 동그란 안경, 염색한 노란머리, 후드티를 입은 정원이였다. 손가락은 '브이'를 하고 있다. 기호 2번이었다. 크게도 그리고, 가슴에 달고 다닐 수 있도록 작게도 그렸다. 지금과는 모습이 많이 달라졌지만 통통한 정원이 얼굴을 귀엽게 잘 표현했다.

학생회장이 되고 나서 학기 중에는 여행을 갈 수 없다고 했다. 여행 계획할 때 참고하라며 나에게 말했다. 전교생 200명 규모 학교였지만 학생회장으로 해야 할 일은 많았다. 회의도 진행하고, 봉사도 하면서 학생회장의 임무를 마쳤다. 해야 하고 할 수 있는 일을 위해 학생회장이 되었고 잘 해냈다.

초등학교 내내 봉사 위원을 하면서 힘들었다며 중학교 가서는 안 하겠다고 했다. 힘들면 그렇게 해도 된다고 했다. 중학교 입학하고 반장 뽑는 날, 다시 반장이 되었다. 봉사도 익숙해진 모양이다.

여행지에서 만나는 사람들은 우리 기대를 뛰어넘는 친절로 다가오기도 한다. 어떤 이들은 도움을 바랄 때마다 손을 내밀어주고 어떤 이들은 단순한 대화만으로도 위안을 준다. 몰타에서 두바이로 가는 비행기에서 정원이는 열이 38도까지 올랐다. 해열제를 요구하니 승무원들이 와서 정원이를 먼저 살폈다. 승무원 몇 명이 더 와서 이야기를 나누었다. 정원이 옆자리에 있던 사람들에게 양해를 구하고 다른 자리로 옮겼다. 정원이가 편안하게 누워갈 수 있도록 했다. 20~30분에 한 번씩 승무원이 와서 정원이의 체온을 확인하였다. 몰타에서 두바이로 가는 6시간 동안 승무원들의 보살핌을 받았다. 정성스러운 간호를 받은 정원이는 항공사 승무원들을 몇 번이나 칭찬했다. 앞으로는 '에미레이트 항공'만 이용하자고 했다. 타인의 친절은 단순한 순간을 넘어, 나 또한 누군가에게 그런 사람이 되고 싶다는 마음을 품게 한다.

길에서 버스킹을 하거나 행위 예술 하는 사람들을 그냥 지나치지 않는다. 동전 넣고 공연에 귀 기울인다. 곡이 끝나기 전에 그 자리를 뜨지 않는다. 크게 박수 치고 환호한다. 전단지 나눠주는 사람들을 그냥 지나치지 않는다. 정원이에게 배우는 것이 많다.

하루는 전화 통화를 하고 끊는 나에게 왜 친절하지 않게 답하냐고 물었다. 보험 권유를 위한 전화였던 것 같다.

"엄마, 그 사람들은 지금 자기의 일을 하고 있는 거잖아."

그 이후로 그런 전화도 예의를 갖추고 거절한다. 전화 예의는 정원이에게 배운다. 나와 통화를 할 때도 먼저 전화 끊지 않는다. 정원이는 상대방이 전화를 끊은 후에 본인이 전화를 끊는다. 언제부터였는지는 모르겠다. 내일 집에 오면 한번 물어봐야겠다.

집에서는 모든 것이 익숙하다. 내가 자주 가는 가게, 사용하는 언어, 아는 사람들까지. 하지만 여행지에서는 이 모든 것이 다르다. 특히 해외로 떠난다면 언어와 문화의 장벽은 단순한 일상조차도 도전으로 만들 수 있다. 인간은 서로 의지하고 도우며 살아가는 존재라는 것을 몸소 체험한다. 혼자서는 모든 것을 할 수 없고, 다른 사람들과의 관계와 협력이 우리의 삶을 더욱 풍요롭게 만든다는 사실을 깨닫는다.

여행을 통해 정원이에게 가족 같은 사람들이 많이 생겼다. 지난 10년간 함께 여행하며 받은 가장 큰 선물은 정원이를 위해주는 마음과 칭찬이었다. 조그만 행동에도 칭찬했다. 맛있는 것도 늘 먼저 챙겨주었다. 여행하고 남은 동전은 정원이에게 주었다. 그 돈을 다시 성당의 초 켜는 데 쓰고, 불쌍한 사람들 돕는 데 썼다.

친절은 베풀 줄도 알아야 하고 받을 줄도 알아야 한다. 친절을 많이 받아본 정원이는 받으면서 배웠다. 자신에게 양보하고 배려해 주는 모습을 배웠다.

우리는 혼자가 아니라 함께 살아야 한다. 도움받는 법도 도움 주는 법도 익힌 아이는 어디서든 흔들리지 않는다. 세상은 혼자 사는 곳이 아니라는 것을 어릴 때부터 몸으로 배웠다. 그게 정원이의 가장 큰 힘이다.

1등이 아니어도 괜찮아

    정원이는 축구하는 것을 좋아한다. 거의 매일 한다. 어릴 때는 아빠와 마당에서 공 차기를 했다. 영어 공부를 위해 찾아오는 케네디 선생님과도 축구하며 영어를 익혔다. 초등학교에 들어가서도 매일 공을 찼다. 학교 끝나고서는 매일 운동장에서 친구들과 축구했다.

    전학 간 모전 중학교에서도 축구를 계속하고 싶어 방과 후 수업 신청을 했다. 축구팀에는 이미 초등학교 때부터 같이 해온 친구들 무리가 있었다. 축구 수업을 따로 받는 친구들도 있었다. 영산 친구들보다는 실력이 뛰어나다고 했다. 축구 잘하는 친구들 사이에서 정원이는 여전히 축구를 즐겼다. 쉬는 시간에도 점심시간에도 나갔다.

    체육 선생님이 정원이를 불렀다. 전국대회를 목표로 학교 대표팀을 결성하고 있었다. 1학년 때 축구 성적을 알 수는 없는 정원이도 제안을 받았다. 과거 기록은 없지만 현재 축구를 즐기고 있는 정원이의 모습이 팀의 마지막 자리에 합류하도록 만들었다. 모전 중학교 축구팀 후보선수가 되었다. 축구 잘하는 친구들과 한 팀이 된 것을 기뻐했다.

　대회를 준비하고 대진표가 나오면서 축구 연습을 더 많이 했다. 토너먼트로 경기하고 한 팀씩 떨어트리는 방식이었다. 열 번 경기 중 두 번 보러 간 적이 있다. 운동장 스탠드에서 큰 소리로 응원하고 있는 정원이가 보였다. 쉬는 시간에 들어오는 친구들에게 물과 음료수를 챙겨주었다. 후반전 10분가량 남겨두고 정원이가 교체 준비를 했다. 10분간 멋지게 뛰고 경기를 마무리했다. 모전 중학교 축구팀은 모든 경기에서 이기고 부산 대표팀이 되었다. 전국대회 참여를 위해 경기도까지 선생님들과 2박 3일간 다녀왔다. 힘든 훈련을 견디며 그 시간만을 기다려 왔다. 원정 경기는 아이들에게 부모 없이 친구들과 함께하는 여행이었다.
　후보선수여서 혹시 속상하지는 않은지 물었다. 오히려 후보선수로 뛰어서 좋다고 했다. 의외의 답이었다. 나의 질문은 편견 있는 어른의 어리석은 질문이었다. 전후반 90분 뛰는 건 힘들다 했다. 후보선수는 경기 이기고 있을 때 후반 10분 정도를 뛴다. 승점에 대한 부담도 없어 좋단다. 실제 경기에만 주전 선수와 후보선수가 있다. 연습할 때는 구분 없이 함께 운동한다. 매일 축구하고 가끔 경기 나간다. 정원이는 대회보다는 연습을 즐긴다. 실력은 저절로 쌓인다.

3학년 때 반 대항 축구대회가 열렸다. 정원이는 심판으로 선발되었다. 체육 선생님이 정원이를 심판으로 뽑은 이유는 두 가지였다. 운동장을 열심히 뛰어다닐 수 있는 체력이 있고, 판정했을 때 아이들 원성을 사지 않을 것 같다고 했다. 경기하다 보면 아이들끼리 가끔 격해지는 경우가 있다. 그럴 때마다 정원이는 중재 역할을 해 왔다. 리더십과 소통 능력을 인정받았다.

모든 면에서 내가 최고일 필요는 없다. 자신의 장점을 알고 그것을 연마하는 것이 중요하다. 다른 사람의 장점을 알아주고 칭찬하는 태도도 꼭 필요하다. 운동장에서 축구 경기를 즐기는 아이들에게 실력은 중요하지 않은 것 같다. 얼마나 그 시간을 즐기고 있는가가 중요하다. 어른들의 시각으로 순위를 나누지 않는다면 말이다.

축구 외에 배드민턴과 배구도 좋아한다. 스포츠 클럽에 모두 가입해서 학교 대표선수가 되었다. 경기가 열리는 시즌에는 모든 대회에 참여하느라 바쁘다. 한 종목 경기가 끝나자마자 다른 경기장으로 옮겨야 하는 날도 있었다. 모든 스포츠를 다 좋아하지만 그중 잘하는 몇 가지가 있다. 체육 선생님이 되겠다는 꿈은 예정된 것인지도 모르겠다. 고등학교 가서는 배구 동아리를 만들었다. 체육 선생님을 찾아가 부탁하고, 반마다 신청서를 돌려 명단을 받았다. 좋아하는 것을 함께 하기 위해 사람들을 모으고 즐기고 있는 모습이 대견했다.

정원이는 고등학교에 가면 반장을 하겠다고 했다. 학교를 재미있게 다니기 위해서라고 했다. 공부를 잘하고 좋아하는 것은 아니니, 봉사 위원으로 학교에 소속감을 가지겠다는 계획이었다. 후보로 나온 한 여학생이 본인이 신정중 전교 1등이라고 이야기했단다.

"나는 모전 중학교 167등이야."

정원이는 그날 반장이 되었고, 그 여학생은 부반장이 되었다. 본인의 등수를 이야기하길래 본인도 이야기했단다. 성적이 낮은 것이 정원이에게 부끄러운 일은 아니었다. 반장을 못할 사유는 더더욱 아니었다. 미리 준비해 간 연설문으로 반장에 당선되었다. 그 이후 공부 잘하는 부반장 친구는 정원이의 학습에 많은 도움을 주었다고 들었다. 공부를 잘하는 건 인정하니까, 또 스스럼없이 모르는 건 친구들에게 잘 물어본다.

고등학교에 가서 또 하나의 도전은 방송반에 들어가는 것이었다. 방송부에 멋진 선배들이 많다고 좋아했다. 평소에 이야기 하기를 즐기고, 카메라를 잘 다룬다. 수십 번의 여행에서 다른 사진과 영상을 찍어주며 실력이 쌓였다. 방송부를 지원했는데, 다섯 명 선발에 50명 정도가 지원했다. 면접을 보고 온 날 정원이에게 어땠냐고 물었다.

"엄마, 나 오정원이야."

제법이다. 본인 어필할 줄도 안다. 다른 사람을 인정하는 태도만큼이나 중요한 것이 스스로를 인정하는 태도이다. 결과와 상관없이 최선을 다한 모습이 당당해서 보기 좋았다. 일주일 후 학교 공식 게시판에 '오정원' 이름이 올라왔다. 멋지다고 생각하는 사람들 대열에 끼게 되었다.

정원이와 대화하는 시간이 즐겁다. 친구들의 이야기도 자주 들려준다. 정원이를 재울 때 나누었던 이야기를 지금도 매일 나눈다. 좋았던 일 세 가지, 안 좋았던 일 세 가지. 서로의 하루를 이야기한다. 정원이가 무엇을 좋아하는지 안 좋아하는지 알 수 있다. 함께 살고 있지 않은 요즈음도 전화로 그런 이야기를 나눈다.

겨울 방학인데 아침 7시에 깨워 달라고 한다. 축구하러 나가기로 했단다. 아파트 단지별로 FC를 결성했단다. 같은 아파트에 사는 친구들끼리 묶인 모양이다. 조기축구회 같은 건가 보다. 감독도 있고 코치도 있다. 제법 구성을 갖추었다. 감독이 팀을 대표해서 경기를 잡는다고 한다. 정원이는 코치를 맡았다.

자신이 늘 최고여야 한다고 생각하지 않는다. 최고인 친구들을 자랑스러워한다. 자신도 어떤 부분에서 도움이 되어야 한다고 생각하고 잘하는 것을 한다.

여행에서는 다양한 사람들을 만난다. 다양한 일을 하는 사람을 만나고 다양한 문화를 접한다. 순위를 매길 필요가 없다. 그저 다르게 존재하고 그것을 선택할 뿐이다. 지금 내가 최고라고 생각하는 것도 결국 내가 있는 우물 안에서만이었다는 것을 깨달으면 순위에 연연하지 않아도 된다. 신이 허락한 유일한 비교는 나와의 비교일 뿐이다.

순위를 매기지 않아도 충분히 다양하게 각자 다른 모습으로 빛난다. **최고가 아니라도 자신만의 장점을 알고 즐기며 살아가는 것이 더 중요하다. 결국 진짜 비교해야 할 대상은 타인이 아니라 어제의 나 자신이다. 다양한 사람들과 다양한 경험 속에서, 스스로의 성장을 인정할 줄 아는 사람이 진짜 단단한 사람이다.**

지구 한 바퀴, 마음 두 바퀴

아이에게 최고가 아니어도 된다는 말을 자주 해주나요?
아이가 좋아하고 잘하는 것이 무엇인지 대화를 통해 찾아보세요.

다행부터 말하는 아이, 먼저 베푸는 마음

정원이는 화가 없다. 짜증을 내는 일도 없다. 나도 정원이에게 소리를 지르거나 화내는 일이 없다. 내 기억에만 그런 것은 아닌가 해서 가끔 정원이에게 묻는데, 지금까지는 없는 것이 맞다. 2년 전 10월 대구 KBS '아침마당' 프로그램에 정원이와 함께 출연했다. 엄마와 여행하는 것이 힘든 적 있거나 싸운 적은 없냐는 사회자의 질문들에 정원이는 '한 번도 없다.'라고 대답했다. 앞으로도 엄마와 함께 여행을 계속하고 싶다는 이야기도 덧붙였다. 방송을 본 친구가 너무 교과서적이고 모범적이라 재미가 없다는 말을 한 적이 있다.

정원이가 초등학교 2학년이었을 때였다. 부산에서 상하이를 경유해 싱가포르로 크루즈 여행을 갔었다. 60여 명의 사람들과 함께했다. 상하이에서 환승하면서 보안 검색대를 통과했다. 검색대 통과해서 게이트 앞까지 왔을 때 애플워치가 내 손목에 없다는 걸 알게 되었다. 보안 검사

하면서 바구니에 풀고 챙기지 않은 것이다. 여행 이틀 전에 구매한 스마트 시계였다. 50만 원 가까이 주고 샀다. 정원이에게만 살짝 알렸다. 나보다 더 놀라는 눈치였다. 어떻게 할 거냐고 나에게 물었다. 괜찮다고 했다. 찾으러 가지 않겠다는 말을 하니 얼굴이 붉어져서 울먹거렸다. 울먹이는 정원이를 데리고 사람들이 없는 곳으로 갔다.

"엄마는 왜 다 괜찮다고 해?"
"엄마도 속상해. 사람들 두고 엄마 시계 두고 왔다고 모두 놀라게 할 수는 없잖아. 지금 찾으러 가도 찾을 수 없을 거야. 그래서 포기한 거야. 이미 지나간 일어난 일에 대해서는 빨리 마음을 접어야 해. 미련 가지면 후회되고 기분이 안 좋아져."

겨우 열 살이었던 정원이가 나의 말을 이해했는지 모르겠다. 내가 애플워치를 산 것을 본인 것처럼 좋아했었다. 눈물을 뚝뚝 흘리고 있는 정원이를 한참 동안 안아주었다. 시계를 잃는 것보다 더 한 일들이 정원이에게 앞으로 일어날 수 있을 것이다. 이미 내 손을 떠난 화살에 미련을 두고 주저하지 않기를 바랐다. 순간에 할 수 있는 최선이 무엇인지를 판단하면 되는 것이다.

정원이는 어릴 적에는 걱정 많고 늘 조심하는 아이였다. 여행하면서 걱정이 줄고 긍정적으로 생각하고 행동하게 된 것 같다. 모든 여행이 순조롭지만은 않다. 오히려 아무 일이 없으면 불안해지기까지 한다. 비행기가 지연되거나 심지어는 눈앞에서 놓치기도 했다. 중국에서는 영어가 전혀 통하지 않아 불편했다. 사람들의 태도가 무례해서 실망스럽기도 했다. 그런 상황을 마주할 때마다 '어떡해? 왜 저러지?'라고 하지 않았다. 불만 대신 해결 방법을 찾아보려고 노력했다.

아이들은 컴포트 존을 벗어난 곳에서 부모의 행동을 따라 배우고 문제 해결 능력을 키우게 된다고 한다. 그 후 언제부터인지 정확히 모르겠지만 정원이도 '괜찮아.'라고 자주 말한다. 상황을 유연하게 바라보고 대할 수 있는 여유가 생겼다.

11시 42분. 정원이 담임 선생님에게 전화가 왔다. 수업 중이라 받지 못했다. 무슨 일이 생겼겠다고 생각했다. 첫 수업을 끝내고 쉬는 시간에 선생님께 전화를 걸었다.

"정원이가 조금 다쳤어요. 싸움한 건 아니고요."

입술이 찢어졌다고 했다. 봉합을 위해 병원을 가야 하는데, 보건 선생님이랑 먼저 성형외과로 출발한다고 했다. 이어 정원이의 전화를 받았다. 놀랐지만 침착하게 전화를 받았다. 정원이도 괜찮은 것 같았다.

"엄마, 수업 끝나고 와 줄 수 있어?"

바쁜 엄마를 늘 이해하는 정원이는 보채지 않는다. 떼쓰는 법이 없다.

늘 나의 상황을 살핀다. 수술하려면 보호자의 허락이 있어야 하는데, 마침 부모님 두 분 모두 부재중이고, 남편도 멀리 있었다. 수업이 1시에 끝나니, 밀양에서 바로 출발하면 2시에 맞춰 도착할 수 있을 것 같았다.

2시간 조금 넘어 부산 동래에 있는 성형외과에 도착했다. 상처 치료하러 온 아이들이 많았다. 소아 성형 전문병원이라 했다. 아랫입술에 반창고를 붙이고 기다리고 있는 정원이가 보였다. 나를 보더니 씨익 웃는다. 나도 웃었다. 선생님은 죄송하다는 말을 여러 번 했다. 정원이가 장난치다 그런 거지 선생님 잘못은 절대 아니라는 걸 잘 안다.

정원이의 이름이 불려 상담실로 들어갔다. 우선 수술을 하고 난 뒤 일주일 후에 실을 뽑고, 레이저 시술, 그리고 1년간 재생 연고를 발라 최대한 흉터를 없애 보자고 했다. 3년 후 고등학교 3학년이 될 때까지 두고 보다가 필요하면 또 레이저 시술을 해서 흉터를 없애야 했다. 모델을 꿈꾸는 정원이의 얼굴에 흉터가 남는다고 생각하니 속상했다. 걱정하는 나를 향해 정원이는 연신 괜찮다고 한다. 아프고 불편할 텐데 오히려 나를 위로한다.

병원에서 사고의 가해자가 있는지 물었다. 정원이가 까불다가 그런 줄 알았는데, 어떤 친구 때문에 다쳤다는 이야기를 들었기 때문이다. 그 친구가 일부러 그런 것은 아니라고 했다. 정원이는 친구가 곤란해지는 것을 원하지 않았다. 그 친구도 정원이에게 계속 카톡으로 상황을 확인하고 있었다. 고의로 그런 것이 아니라는 것을 알았다. 가해자로 생각하지 않기로 했다. 이미 입술은 찢어졌고, 흉터는 남을 것이다. 정원이가 감당해야 하는 몫이라 생각했다.

봉합수술을 마치고 나서 담임 선생님께 전화했다. 잘 치료했으니 걱정 마시라고 했다. 선생님은 내가 학교에서 일어난 사고에 대해 문제 삼을지를 걱정했다. 선생님이 죄송하다는 말씀을 여러 번 했지만, 그건 전혀 선생님의 잘못이 아니었다. 정원이를 다치게 한 아이에게도 괜찮다고 말해 주라고 부탁했다.

이미 벌어진 일에 대해 큰일이라고 말할 필요가 없다. 발생한 시점에서 할 수 있는 최선을 다한다. 어떤 상황이든 언제든 일어날 수 있다. 그것을 어떻게 해결해 나가는지, 어떻게 상황에 대처하는지에 대한 과정을 보여주면 된다. 결국 아이들은 부모에게서나 다른 어른에게서 배운 대로 행동하거나 생각한다. 자신 때문에 곤란해질 친구를 걱정하는 정원이의 마음이 고마웠다. 자신의 아픔은 스스로 이겨내고 다른 사람의 마음을 함께 헤아릴 줄 아는 사람이 되었다.

정원이는 어떤 일이 생기면 이만하기 다행이라는 말을 자주 한다. 입술을 봉합하고 나서, 이가 안 부러졌으니 다행이라고 한다. 그런 정원이가 불편하게 밥 먹는 것을 보고 나도 윗입술이 아니어서 다행이라고 말했다. 다친 정원이를 두고 아무리 다른 이들이 걱정하고 위로한다고 해도 본인만큼 불편하지는 않을 것이다. '조금 조심할걸.' 하는 마음도 본인이 가장 클 것이다. 그런 마음을 알기에 하나 마나 한 이야기는 하지 않는다. 앞으로 보름간 봉합 부위에 물이 닿는 것을 피해야 한다. 물도 땀도 묻으면 안 된다. 세수도 안 되고 땀 나는 운동을 할 수 없다. 국물 있는 음식도 빨대로 먹어야 한다. 불편할 것이다. 그건 정원이가 치러야 할 대가이다. 병명을 알 수 없는 불치병도 아니고 치료하기 어려운 난치병도 아니다. 시간이 지나면 해결될 수 있는데. 이미 반성하고 있는 정원이에게 더 이상의 말은 필요 없다.

이미 지나간 일에 머물기보다는 그 순간 할 수 있는 최선을 다해 해결해 나가는 것이 중요하다. 잘잘못을 따지기보다 서로의 입장을 헤아리고 다행인 점을 먼저 찾아 마음을 표현할 줄 아는 태도가 필요하다. 어려움 속에서도 긍정과 배려를 선택할 줄 아는 사람은 그 경험을 통해 더 단단해진다.

부정에서도 긍정을 바라보다

주말을 정원이와 보냈다. 지난 금요일에 서울로 가서 체대 입시 상담을 받고 온 후 정원이는 계속 기분 좋은 상태인 것 같다. 일요일 저녁 자려고 불 끄고 누워서는 한참을 이야기 나누었다. 새벽 4시가 되어서야 잠이 든 것 같다.

일요일 오후에 정원이와 함께 엄마가 다니는 절 은진사에 가서 스님을 친견했다. 정원이는 소원 성취함에 소원을 적어 넣었다. 스님이 주신 세뱃돈으로 돼지띠 염주를 하나 샀다. 정원이의 성공을 기원하는 등도 신청했다. 매일 스님이 기도할 때 '오정원' 이름을 부르며 성공을 기원해 줄 것이다. 벽에 붙여 놓은 2025년 연간 달력에 모의고사 일정과 목표도 썼다.

하루에도 몇 번을 중얼거린다. '할 수 있다. 할 수 있어.' 정원이의 간절한 바람이 느껴졌다. 하루 종일 같이 있으면서 이야기 나눴는데 잠이 안 온다 하니 또 이런저런 이야기를 했다.

복권도 안 사고 당첨되게 해 달라고 하는 사람의 이야기를 해 주었다. 복권을 사야 당첨 소원을 들어준다. 공부하고 지원해야 합격 소원을 들어줄 것이다. 내가 먼저 공부 이야기를 꺼내면 정원이가 부담스러워할까 봐 다른 질문을 했다. 지금 사귀는 여자 친구는 어떻게 만났는지를 물었다. 술술 이야기해 준다. 한 번도 안 싸우고 잘 지내고 있다고 하길래 비법이 무엇인지도 물었다. 한 달간 썸 타다가 고백했단다. 이런 이야기도 다 글로 쓰면 좋겠다고 생각만 했다.

"정원아, 불안과 걱정은 믿음이 없어서 생기는 거래. 믿음이 있으면 설레고 기대되는 감정이 생겨. 넌 어때?"

정원이는 기대되고 설렌다고 답했다. 스스로에 대한 믿음이 있었다. 자신 있다고 했다. 잘될 것 같다고도 했다. 나도 그렇다고 이야기해 주었다. 그렇게 새벽 4시가 넘어 잠이 들었다. 5시 반에 울리는 알람 소리를 못 들었다. 영어 수업을 해야 하는 데 놓쳤다. 6시 10분에 선샤인의 전화를 받고서야 벌떡 일어나 수업했다. 1시간 후 7시 30분에 정원이를 깨웠다. '5분만'을 외치더니 겨우 일어나 학교에 갔다.

학교에서 돌아온 정원이는 학원 가기 전 낮잠을 잤다. 185cm인 정원이를 보고 사람들은 어떻게 그렇게 키가 크냐고 묻는다. 그럴 때마다 정원이는 잠을 많이 자서라고 웃으며 말한다. 유치원생처럼 낮잠 자는 정원이다. 학교와 학원 사이 다른 곳에 갈 수 없다. 잠을 자야 하기 때문이다. 더군다나 지난밤 잠을 설쳤으니 잠이 쏟아질 만하다.

7시에 일어나 학원에 가겠다고 하고 침대로 들어갔다. 일어났다는 전화가 없길래 7시 10분에 전화했다. 또 '5분만 더'를 외친다. 전화를 끊었다. 7시 30분 전화벨이 울렸다. 심통 난 목소리다.

"할머니가 불 다 켜고, 일어나라고 소리 질렀어."

왼쪽 귀가 잘 들리지 않는 엄마는 목소리가 크다. 엄마의 방식대로 정원이를 깨운다. 아버지에 대한 불만도 있다. 한 번만 말하면 되는데 여러 번 말했다는 것이다. 그렇게 억지로 잠시 깬 정원이는 학원에 들어가면서 나에게 전화했다. 누구의 편도 들지 못했다. 엄마도 정원이도 아버지도 어떤 마음일지 다 알기 때문이다. 내가 할 수 없는 것에 대해 부모님 두 분께 그러지 말라고 말할 수 없다.

10시쯤 정원이에게 전화가 왔다. 목소리가 밝다. 기분이 괜찮아진 모양이다. 괜찮냐고 물었다. 그렇다고 대답한다. 어제 밤 잠 못 자서 그런 것이니 오늘은 일찍 자라고 이야기했다.

"이제 괜찮아. 아까 할머니 그러실 때, 엄마 보고 싶었어."

왜 내가 보고 싶었는지 안다. 엄마라면 그렇게 깨우지 않았을 테니까. 소리 질러 정원이를 깨워본 적이 없다. 침대로 가서 몸을 주물러 주거나 귀에 대고 작은 소리로 이야기한다. 잠에서 기분 좋게 깨어날 수 있도록 시간을 준다. 이런 나를 보고 엄마는 말한다.

"니 애미는 속도 좋다."

엄마에게 그런 핀잔을 들어도 정원이와 나는 서로 얼굴을 바라보며 찡긋 웃는다. 정원이를 키우며 함께 있는 시간이 충분하지 않았다. 정원이를 낳고 45일째 되는 날 강의를 나갔고 100일 이후 가정 어린이집에 종일반으로 맡겼다. 저녁이 되어서야 데리러 갔다. 1년 후 부모님이 정원이를 봐주기는 하셨지만, 여전히 나와 만나 노는 시간이 3~4시간을 넘지 못했다. 그럼에도 정원이가 불안 없이 긍정적인 사람이 된 것은 감사한 일이다. 아침에 헤어지고 나면 잠잘 때나 되어야 정원이를 다시 만나는 경우가 많았다. 함께 있는 시간의 양보다 질에 충실했다.

알고 있다. 일상에서 채우지 못한 시간은 여행하며 채웠다. 24시간 동안 일주일 이상 여행하며 보냈다. 화분에 물을 줄 때 조금씩으로는 식물에 뿌리까지 갈 수 없다. 한 번 줄 때 화분 아래로 흘러넘치도록 흠뻑 주어야 한다.

　여행은 부족한 엄마의 사랑과 엄마와의 시간을 충분히 만회할 수 있는 기회였다. 그렇게 쌓인 서로에 대한 신뢰는 함께 있지 않아도 작동한다. 나는 정원이 뒤에서 늘 편들어주는 아군이다. 왜 그랬는지 나무라지 않는다. 그럴만한 이유가 있었을 거라고 먼저 생각한다. 이해가 안 되는 일이 있어도 정원이가 스스로 이야기해 줄 때까지 충분히 기다린다. 정원이는 회복탄력성이 좋다. 부정적인 감정이 빨리 긍정적으로 돌아온다. 정원이에게는 충전 되어있는 '기쁨이'가 많은 것 같다.

　함께한 여행과 깊이 쌓아온 신뢰 덕분에 정원이는 어떤 상황에서도 부정을 긍정으로 바꾸는 힘을 키웠다. 이렇듯, 충분한 사랑과 믿음을 경험한 아이는 자신을 믿고 어려움도 금세 회복한다. 결국 중요한 건 함께한 시간의 '양'이 아니라 '질'이며, 그 시간이 아이의 내면을 단단하게 만들어 준다.

나는 지금 행복해, 행복을 미루지 않아

중학교 2학년 되던 해에 부산으로 전학 간 정원이는 정관에 있는 부모님 댁에서 지내고 있다. 전학한다고 할 때 주변 사람들의 걱정이 많았다. 예민한 시기에 전학하고 학교에 적응하는 것이 쉽지 않을 거라고 했다. 정원이는 큰 학교로 가서 더 많은 친구를 만나기 원했다. 더 많은 경험을 하고 싶어 했다. 더 넓은 곳에서 날아오르고 싶어 하는 정원이의 꿈을 막지 않았다.

정원이의 전학은 대성공이다. 바람대로 친구들을 많이 사귀었다. 축구 같이하는 친구, 영화 보러 가는 친구, 공부 도와주는 친구, 쇼핑 같이 가는 친구, 노래방 같이 가는 친구 등 어울리는 친구들이 많다. 선생님들과도 가깝게 지낸다. 가고 싶은 곳, 배우고 싶은 것도 스스로 찾아다니며 마음껏 누리고 있다.

정원이와 한 달에 두세 번 정도 만나서 며칠씩 보낸다. 영화도 보고,

맛난 거 먹으러도 가고, 쇼핑도 한다.

중학교 3학년 때였다. 함께 신세계 아울렛으로 쇼핑하러 가는 길에 차에서 이야기를 나누었다. 요즈음 재미있는 일이 무엇인지, 새로 가까워진 친구는 누구인지, 학교와 선생님 이야기 등 쉴 새 없이 종알거린다. 혹시 힘든 건 없냐는 나의 물음에 바로 답한다.

"엄마! 나는 지금 너무 행복해! 나는 지금이 진짜 너무 행복해!"

몇 번이나 자신이 행복하다고 말한다. 대한민국 중학교 3학년 입에서 흔하게 나오는 말은 아니다. 묻는 말에도 짧은 대답을 겨우 할까 말까 하는 까칠한 중학생이 무서워서 북한도 남쪽으로 못 내려온다는 농담도 있지 않은가! 정원이 말에는 부정이 없다. 험담도 없다.

친구들과 크게 다툰 적도 없다. 삐진 건 몇 번 있는 거 같다. 기분이 풀리는 데 오래 걸리지 않는다. 늘 괜찮다고 하고 불만을 거의 하지 않는 정원이에게 물었다. 여행 다니며 많은 사람들을 만나 다양함을 본 것 때문에 그런 성향 가지게 되었다고 했다. 친구들이 어떤 행동을 할 때 그저 그 친구의 모습으로 인정한단다. 별로 이해 안 될 것도 없고 싫을 것도 없다고 했다. 인생 좀 살아본 50~60대에게서 들을 법한 인생 지혜다. 쉰이 넘은 나도 이제야 그걸 알겠는데 말이다.

정원이와 베니스를 여행했을 때 장면 하나가 떠오른다. 리알토 다리 끝에서 가방을 여러 개 들고 있는 청년을 보며 나에게 작은 소리로 말했다.

"엄마, 저 형아 엄청 부자인가 봐. 여자 친구 주려고 저렇게 가방을 많이 사서 들고 가고 있어."

아홉 살 정원이의 눈에 비친 그는 사랑하는 사람을 위해 여러 개의 가방을 산 사랑꾼이었다. 정원이 말에 함께 있던 사람들이 모두 웃음으로 동의했다. 그 남자의 실체는 짝퉁 가방을 팔려는 호객꾼이었다. 여자 친구를 위하는 멋진 형이라고 생각한 동심을 차마 깰 수 없었다. 호텔로 돌아가는 길에 그 형의 정체를 알려주었다. 진짜와 가짜가 존재한다는 것을 알려주어야 했다. 그것이 세상이니까.

　서른 번의 여행을 함께 한 한국 사람들은 500명이 넘는다. 현지에서 본 사람들까지 합치면 수천 명은 될 것이다. 모두가 다르다는 것을 배울 수 있는 좋은 기회였다. 내가 알고 있는 것이 당연하거나 원래 그렇다는 생각만 하지 않아도 불만과 불평은 줄어들 수 있다. 언어도, 먹는 것도, 사는 방식도 같은 것이 하나도 없는데 내 생각과 같다면 오히려 이상한 일이 아니겠는가? 10대에 이미 중요한 진실을 알게 되었기 때문에 스스로 행복하다고 생각하는 것 같다.

　그럼에도 좋은 것도 있었고, 싫어하는 것도 있었을 것이다. 그 속에서 자신이 진정으로 원하는 것을 찾아 좋아하는 일에 더 많은 시간과 에너지를 쓴다. 좋아하지 않는 수학과 과학 공부에는 학교 수업 외에 추가 시간을 쓰지 않았다. 좋아하고, 잘하는 영어는 더 잘하려고 노력 중이었다. 운동을 좋아해서 학교 방과 후 수업을 모두 운동으로 채웠다. 거의 매일 종목을 바꿔가며 운동했다. 지금도 좋아하는 것이 달라지지는 않았다. 다만 좋아하는 것을 위해 싫어하는 것도 해야 하는 상황이 되었다. 그 또한 정원이의 선택이다. 그럼에도 불구하고 해야 할 이유가 있다면 해야 한다.

일주일에 서너 번 이상은 영상 통화한다. 새로 연습하는 춤을 보여주기도 했고, 기타 연주를 하기도 했다. '잘하고 있네. 최고네.' 응원만 한다. 친구들 이야기를 꺼낸다. 학원 많이 다니고, 공부를 잘하는 친구들은 공부를 좋아해서 하는 줄 알았단다. 좋아하는 일에 더 많은 시간을 할애하면 된다고 알고 있는 정원이로서는 이해가 안 될 수도 있었을 것이다. 좋아하는 것을 포기하지 않고 살기를 바란다. 그렇게 좋아하는 것을 하다 보면 잘하게 된다. 과정이 힘들어도 쉽게 포기하지 않을 것이다.

"지금 행복하지 않다면, 언제 행복하려고 하는 거야?"

대뜸 또 이렇게 말을 던진다. 좋아하는 것 없이 그저 부모가 시키니 그렇게 하는 친구들. 그래서 별로 행복하지 않고 무엇을 원하는지, 꿈도 없다고 말하는 친구들을 떠올리며 말했다. 매 순간을 즐기며 하루하루를 재미있게 살아가는 정원이 삶이 멋지다. 자신의 감정을 늘 표현할 줄 아는 사람인 것이 자랑스럽다.

정원이는 좋아하는 것을 찾아 스스로 행복을 만들어 간다. 여행을 통해 지금 이 순간을 즐기는 법을 배웠다. 다양한 사람과 환경을 경험했다. **행복은 먼 미래에 누리는 게 아니다. 오늘 내가 무엇을 좋아하고 어떻게 살아가느냐에 달려 있다. 지금 행복하지 않다면, 언제 행복할 수 있을까.**

지구 한 바퀴, 마음 두 바퀴

지금 행복해야 한다는 말을 나 자신에게도 해 본 적이 있나요?
어떨 때 행복한지에 대해 아이와 함께 이야기해 보세요.

여행에서 만난 사람들이
전해준 영감

    중학교 3학년 때 정원이의 가장 큰 고민은 고등학교 진학이었다. 대학을 꼭 가야겠다는 생각을 안 했기 때문에 인문계 고등학교와 특성화 고등학교 중 어느 곳을 가야 할지에 대해 결정하지 못하고 있었다. 여름 방학 때 정원이와 그리스에서 요트 여행을 할 기회가 있었다. 그리스에서 보낸 2주간의 시간은 정원이의 인생에서 새로운 계기를 마련해 주었다. 여행에서 만났던 사람들 덕분에 중요한 결정을 할 수 있었다.

    그리스 여행은 정원이와 둘만 떠나는 여행이었다. 여행클럽 회원들과 함께했던 여행에서는 오롯이 정원이 엄마만 할 수 없었다. 준비하고 대비해야 했다. 사람들을 늘 챙겨야 했다. 일이 일어나면 해결해야 했다. 방으로 돌아와서 정원이와 함께 지내고 이야기를 나누는 시간도 잠시였다. 다음 일정을 위해 채팅방에 내용을 알리고 가이드나 버스 기사와 소통하는 등 무언가를 해야만 했다.

　홍콩에서 여행사를 하는 친구 조앤이 그리스 요트투어에 초대했다. 요트로 그리스의 섬들을 돌며 일주일간 여행하는 것이었다. 방 하나를 내가 쓸 수 있으니, 정원이를 데리고 와도 된다고 했다. 아테네행 비행기를 검색했다. 요트 일정에만 맞추는 것보다 며칠을 더 뒤로하니 항공이 더 저렴했다. 요트 여행이 끝나고 아테네에서 일주일간 더 있기로 했다. 카타르 도하를 경유하고 아테네에 도착하는 비행기를 예매했다.

　인천에서 도하까지 가는 10시간 내내 나는 정원이 엄마였다. 정원이는 엄마가 필요할 때면 다른 사람을 배려하지 않고 나를 부를 수 있었다. 태블릿에 미리 다운받은 예능 프로그램을 이어폰을 나누어 끼고 같이 보았다. 그리스에 만나 여행하게 될 내 친구들에 대해 이야기해 주었다. 도하 공항에서 조앤과 종걸을 만났다. 두 사람은 홍콩에서 도하로 왔다. 1시간쯤 후 인도네시아 자카르타에서 출발한 대니 부부도 만났다. 함께 아테네로 출발했다. 말레이시아에서 오는 팡과 제이미 커플은 아테네에 먼저 도착해 있었다. 네 개의 나라에서 온 엄마 친구들과 함께 여행을 시작했다.

　아테네에서 하룻밤을 보내고 다음 날 아침 요트를 타기 위해 항구로 갔다. 크루즈 여행은 여러 번 해 봤지만, 요트 여행은 처음이었다. 정원이도 마찬가지였다. 배에 오르니 서른 명 정도의 승객이 있었다. 직원 수와 승객 수가 비슷했다. 1층 라운지에서 체크인하고 일정에 대한 안내를 받았다. 기항지에 대한 설명도 들었다. 정원이는 나의 친구들 앞에서 수줍어했다. 친구들은 정원이의 영어 수준에 맞춰 천천히 쉽게 대화를 이끌어주었다.

우리는 식사 때마다 만나 신나는 브레인스토밍을 했다. 서로가 가진 경력, 맨파워, 역량들을 이용해서 만들 수 있는 재미난 이벤트들에 대한 아이디어를 내놓았다. 우리는 함께 여행하며 만난 친구들이다. 홍콩에서 여행사를 하는 조앤의 거래처로부터 초청을 받아 한자리에 모이게 되었다. 정원이에게도 어떻게 이 여행을 오게 되었는지 설명해 주었다. 요트 여행은 가격 면에서나 내용 면에서 상당히 고급 여행이다. 조앤 덕분에 정원이도 부자들의 여행을 알게 되었다.

대니는 인도네시아에서 발이 넓기로 유명하다. 모든 분야에 걸쳐 인맥이 있다. 박학다식한 사람이기도 하다. 무엇보다도 긍정적이고 늘 누군가에게 동기부여를 시키고, 응원한다. 대니의 와이프 수지도 아들 둘을 키운 엄마라서 그런지 정원이를 늘 챙겼다. 정원이는 말레이시아에서 온 제이미의 남편 팡에게 관심을 가졌다.

"엄마, 팡 삼촌 신고 있는 신발 봤어?"

매일 다른 크록스, 운동화를 바꿔 신고 나오는 걸 보고 나에게 말했다. 아침을 같이 먹다가 신발 이야기가 나왔다. 정원이도 신발을 좋아한다고 하니, 팡이 스마트폰 갤러리를 열어 사진 하나를 보여주었다. 사무실이라고 했다. 한 벽면이 신발로 가득 채워져 있었다. 팡은 신발 수집가였다. 나이키의 조단 시리즈부터 다양한 브랜드의 운동화를 가지고 있었다. 팡은 중국계 말레이시아인인 사업가였다. 정원이는 꼭 그런 신발장을 가지고 싶다고 했다. 팡이 쿠알라룸푸르에 정원이를 초대했다. 엄마 없이 나중에 혼자 여행 오게 되면 집에서 지내고, 운동화가 있는 사무실에도 놀러 오라고 했다.

요트는 매일 다른 섬에 정박했다. 섬으로 옮겨 가는 중에는 바다에 배를 멈추고 바다 수영을 했다. 작은 보트를 타고 무인도의 해변으로 가서 한낮의 시간을 보내기도 했다. 팡은 그럴 때마다 정원이에게 카약이나 패들보트 타는 법을 알려주었다. 정원이도 팡을 따라다니며 바다 스포츠를 배우고 즐겼다. 수영을 즐기지 않는 내가 해줄 수 없는 것을 새로 알게 된 삼촌이 도와주었다. 정원이는 여행에서 만난 나의 남자 친구들을 삼촌, 여자 친구들을 이모라 부른다. 법적인 이모는 없지만 함께 여행한 수십 명의 이모, 삼촌들이 있다.

요트 여행을 끝내고 마지막 식사를 하는 자리에서 고등학교 진학에 대한 이야기를 나누게 되었다. 나와 정원이가 진지하게 이야기하는 것을 듣고 있던 친구들이 각자 자신의 의견들을 이야기했다. 모두 정원이의 고민에 진지하게 답해 주었다. 팡이 먼저 이야기를 꺼냈다. '공부'와 '기술'을 우선순위로 정하자면 공부가 먼저라고 했다. 공부를 먼저 해 두면 나중에 기술을 배우는 데에도 도움이 될 거라는 조언이었다.

이어서 대니도 이야기했다. 주변에 어떤 사람들이 있는가가 중요하다고. 나의 힘만으로 살아갈 수 없으니, 나보다 나은 사람들과 함께 관계를 만들어 나가야 한다고 했다. 인맥 부자인 대니다운 조언이었다. 대니의 의견에 종걸도 동의했다. 종걸은 20대에 화장품 사업을 한 경험이 있고, 지금도 여행사 대표로 일하고 있는 사람이다. 자신의 그런 성과의 비결 중 하나가 사람이라고 했다. 대학이 목적이 아니더라도 무언가의 성취를 위해 조금 더 적극적으로 임하고 있는 친구들이 있는 곳으로 선택하면 좋겠다고 했다. 모두의 말에 정원이는 고개를 끄덕이거나 눈으로 응대했다. 잘 알아듣지 못하는 영어 대화는 나에게 다시 묻기도 하면서 경청하고 있었다. 나는 그 자리에서 별다른 말을 보태지는 않았다.

일주일간의 요트 여행을 끝내고 사람들과 헤어졌다. 정원이와 나는 아

크로폴리스 근처에 예약 해둔 에어비앤비로 갔다. 일주일간 머물기로 한 것 외에 구체적인 계획은 없었다. 하고 싶은 것, 가고 싶은 곳을 정해서 가기로 했다. 배고프면 집 근처에서 수블라키와 피자를 사 먹었다. 40도가 넘는 8월의 아테네 한낮은 뜨거웠다. 지하와 건물 안을 배회했다. 지하철을 타고 미술관이나 박물관을 갔다. 집에서 낮 시간을 보내다가 늦은 오후 지나고 나가기도 했다. 늦은 아침 겸 점심으로 자주 갔던 수블라키 레스토랑, 밥 먹고 꼭 챙겨 들렀던 젤라또 가게, 늦은 밤 간식으로 먹었던 피자 가게가 추억의 장소가 되었다. 일주일의 시간은 정원이 미래를 위한 중요한 시간이었다.

"엄마, 일단 인문계 고등학교로 가 보려고 해."

이유를 물었다. 여행에서 만났던 엄마 친구들처럼 멋진 사람이 되고 싶다고 했다. 그런 친구들이 더 있는 곳으로 가기 위해서라는 답을 했다. 종걸, 대니, 팡 모두의 이야기가 정원이 고민에 대한 답이 되었다. 내가 자주 만나는 사람 다섯 명의 평균이 나의 모습이라는 말을 들어본 적 있다. 정원이에게 좋은 친구들 만나라는 말보다는 내가 좋은 친구를 만나면 되겠다는 생각이 들었다.

여행에서 만난 다양한 사람들은 정원이가 자신의 미래를 고민할 때 가장 큰 영향을 주었다. 어떤 환경에서, 어떤 사람들과 함께하느냐가 결국 나의 선택과 성장을 결정짓는다. 좋은 사람들을 만나고 싶다면 내가 먼저 그런 사람이 되어야 한다. 여행은 늘 그 중요한 깨달음을 아이에게 안겨준다.

 지구 한 바퀴, 마음 두 바퀴

내 친구를 아이에게 자랑스럽게 소개할 수 있나요?
나와 가깝게 지내는 사람들이 아이에게 좋은 영향을 주고 있는지 생각해 보세요.

"한번 해 볼게!"
용기 있는 아이의 말 한마디

"엄마, 한번 해 볼게."

2025년 1월 마지막 날 아침, 마산 내서에서 정원이와 서울행 버스를 탔다. 옥천 휴게소쯤 가니 눈이 날리기 시작했다. 눈길을 천천히 가느라 예정보다 조금 늦게, 2시가 다 되어 강남 고속 터미널에 도착했다. 정원이의 꿈을 만나러 가는 날이었다. 체대 입시 준비를 위한 상담이 오후 5시에 예정되어 있었다. 고등학생이 되면서 자신의 진로에 대한 진지한 고민을 시작했다. 1년간 해오던 모델 트레이닝을 멈추고 체육 선생님이 되고 싶다는 결정을 했다.

지난 1년간 공부 습관을 조금씩 만들었다. 한 번도 하지 않았던 수학 공부를 시작했다. 스터디 카페에서 보내는 시간도 많아졌다. 중학교 체육 선생님이 꼭 되고 싶다는 것이 현재의 목표다. 교생실습을 나갈 때 이름표에 꼭 쓰고 싶은 대학 이름이 있다고 했다.

  1학기와 여름 방학을 보낸 정원이는 원하는 대학 진학을 위해 지금 이대로는 안 된다는 결론을 스스로 내렸다. 자신을 더 강하게 밀어붙일 수 있는 동기부여가 필요했고 그 길을 알려줄 코치를 만나고 싶다고 했다. 체대에 딸을 보낸 친구의 추천으로 '체대 가자' 학원에 상담 신청했다. 정원이의 현 상황을 진단하고 남은 2년간을 어떻게 보낼지에 대한 코칭을 위한 시간이었다.

  건국대학교를 먼저 찾았다. 정원이가 가장 가고 싶어 하는 대학이었다. 나에게 익숙한 동네였다. 세종대에서 박사과정을 하던 내내 오갔던 동네이다. 엄마가 되기 전 나의 젊은 날을 보냈던 곳을 아들과 함께 가게 되었다.

  건대 입구 지하철역에서 내려 학교로 걸어갔다. 학교 다니던 때의 이야기를 했다. 나는 학력고사 마지막 세대이다. 재수할 경우, 수능으로 대학 시험을 봐야 했다. 정원이도 지금 비슷한 상황이다. 정원이가 입시를 치른 다음 해부터는 공부해야 할 과목이 완전히 달라진다고 한다. 재수하면 어려우니 더 철저한 준비가 필요하다고 했다.

  나의 고등학교 시절을 생각해 보면 정원이만큼 미래에 대한 고민을 스스로 하지 않았던 것 같다. 그래서인지 스무 살 이전의 기억이 별로 없다. 내 의지대로 선택하며 살았다기보다 어른들이 정해 놓은 길로 그저 지나왔다. 그러다가 독립하고, 학교를 다른 지역으로 다니며 내 삶이 하나씩 만들어지기 시작했다. 정원이는 중학교 2학년 때부터 주체적인 삶을 만들기 시작한 것 같다.

내가 무엇을 하고 싶은지에 대한 것도 정하지 못했다. 남들 가는 대학에 나도 가느라 시험을 보았다. 단지 재수하기 싫어 점수 맞춰 들어간 곳이 전문대학 불어과였다. 내 인생의 시작은 거기서부터였다. 불어 전공하며 교양과목으로 들었던 수업에서 나의 진로를 찾았다. 졸업 후 호텔경영학과에 편입했다. 이후 일과 공부를 병행해 가며 박사학위까지 받게되었다. 그렇게 여기까지 왔다. 그러니 급할 것도 없고, 지금 모든 것을 결정할 필요도 없다고 말해 주었다.

눈송이가 점점 커지기 시작했다. 바닥에 눈이 쌓이고 눈앞으로 눈보라가 밀려왔다. 정원이는 이렇게 쌓이는 눈을 처음으로 만져보고 밟아보고 있었다.

17년 전 1월, 정원이가 태어나던 날에도 눈이 10cm 넘게 쌓일 정도로 많이 내렸다. 서울에서 태어난 겨울 아이였다. 1년만 서울에서 지내고 경상도로 내려왔다. 제대로 된 눈 구경은 처음 하는 것이다.

체육대학이 있는 쪽을 향해 걸었다. 건물 안으로 들어가 보려고 했다. 그런데, 눈 구경 하느라 건물을 지나쳐 버렸다. 아무도 밟지 않은 건국대학교의 눈 쌓인 교정을 밟으며 길을 걸었다. 잠시 눈싸움도 하고, 조그만 눈사람도 만들었다.

앞서 걸어가는 정원이를 보며 뭉클했다. 아무도 밟지 않은 눈을 밟으며 발자국을 만들고 있었다. 가끔 뒤돌아보며 앞을 계속 걸어갔다. 나는 정원이가 만든 발자국 뒤를 따라갔다.

약속 시간이 되어 학원으로 갔다. 1시간 정도 예정되어 있던 상담이 거의 2시간이 다 되어서야 끝났다. '체대 가자' 강영철 대표는 듣던 대로 체대 입시의 전문가였다. 정원이의 성적과 체격을 분석했다. 꾸준히 운동하고 모델 트레이닝하며 바른 자세를 만들었던 것이 도움이 되었다. 신체 점수는 평균 이상이었다.

최신 입시 정보를 모두 활용하여 체계적이고 이해하기 쉽게 풀어주었다. 정원이가 스스로 도전할 수 있도록 비전을 제시해 주었다. 가 보지 않은 길을 가기 전에 그 길을 잘 알고 있는 이에게 연결하고 따라간다면 시간 에너지 허비하지 않고 갈 수 있을 것이다. 조금 더 멀리 높이 갈 수 있게 되었다.

강영철 대표와의 연결은 눈길에 앞서간 발자국이었다. 결국 그 길을 걸어야 하는 것은 정원이 자신이다. 걸어갈지 멈출지는 스스로 정하는 것이다. 상담을 받고 나오는 정원이는 가슴이 뛴다고 했다. 설렌다고 했다. 해 보고 싶다고 했다. 할 수 있겠다고 했다.

새로운 시작을 하는 날이었다. 앞으로 보낼 시간으로 만들어질 결과는 정원이에게 성공을 만드는 경험을 가지게 해 줄 것이다. 원하는 것을 이루는 방법을 배우게 되고, 도전하는 기쁨을 알게 되기를 바란다.

나는 정원이의 뒤에 서 있다. 뒤돌아보면 응원해 주고, 지치면 밀어줄 수 있도록 천천히 따라간다. 정원이가 손 내밀면 잡을 수 있는 만큼의 거리에서.

스스로 선택한 길이라면 어떤 어려움도 감당할 수 있다. 중요한 건 완벽한 준비가 아니다. 두려움보다 도전이 앞서는 마음이다. '한번 해 볼게.'라는 결심이 길을 만들고 결과를 바꾼다. 나는 언제든 정원이가 다시 일어설 수 있도록 뒤에서 묵묵히 지켜볼 것이다.

마치는 글

아들과 함께한 여행 이야기를 쓰기 시작한 지 어느덧 1년 반이 되었다. 마흔 개의 이야기를 쓰는 내내 아들과 다시 여행하는 기분이었다.

처음 여행을 시작할 때만 해도 초등학생이었던 아들이 지금은 고등학생이 되었다. 그사이 나도 달라졌고 아이도 자랐다. 처음엔 그저 우리 여행 기록을 정리하려고 글을 시작했다. 한 장면, 한 여행지를 쓸 때마다 글 속의 주인공은 아이만이 아니었다. '좋은 엄마가 되고 싶다.'라고 생각한 나 자신이기도 했다. 그 소망이 이 글을 쓰게 만든 시작이자 지금까지 나를 이끌어준 가장 솔직한 동기였다.

우리는 많은 곳을 다녔다. 멀리 비행기를 타고 간 적도 있고, 버스를 타고 가까운 도시를 다녀온 날도 있었다. 비행기와 기차를 놓쳐 당황했던 날, 길을 잃고 헤매다가 뜻밖의 풍경을 만나게 된 날, 갑자기 쏟아지는 비에 우산 없이 길을 걷던 날, 이런 수많은 날들이 모여 지금이 되었다. 어디를 갔느냐보다 같은 공간에서 함께 보낸 시간이 중요했다. 무엇을 보았느냐보다 그 순간을 어떻게 함께했느냐가 더 깊게 남았다. 그 시간 속에서 아이는 자랐고 나는 초보 딱지를 뗄 수 있는 엄마가 되어갔다.

엄마로 살아가는 이들이 주변에 많다. 아이 성적, 진로, 입시 걱정으로 밤잠을 설치는 엄마들. 무엇을 어떻게 해야 잘 키우는 건지를 몰라 정답을 찾아 헤매는 엄마들. 이런 시간이 두려워 엄마이기를 망설이는 예비 엄마들. 이들이 간절히 바라는 것은 '좋은 엄마가 되어 자식을 성공적으로 키우는 것'일 것이다.

나도 그랬다. 일도, 육아도 잘 해내고 싶었다. 내가 옆에 없어도 잘 클 수 있는 시스템을 만들고 싶었다. 아이의 하루를 계획표에 채워놓고 하나라도 빠지면 불안해했던 시절이 있었다. 공부는 잘하고 있는지, 친구 관계는 괜찮은지, 학원은 안 보내도 되는지. 아이를 살피며 '잘하고 있는 걸까?'라고 질문하며 걱정하던 시간이었다.

정답 없는 긴 여정이었다. 수많은 책을 읽고 선배 엄마들의 말을 들었지만, 막상 내 아이를 마주한 순간엔 매번 처음처럼 두렵고 조심스러웠다. 그래서 나는 아이와 함께 떠나기로 했다. 몰랐던 세상을 함께 보고, 낯선 곳에서 서로를 더 깊이 만나보기로 했다.

처음부터 여행이 답이 될 거라고 확신하지 못했다. 하지만 10년이 흐른 지금 나는 말할 수 있다. 함께한 시간은 아이에게도 엄마인 나에게도 '선물'이었다. 나는 아들과 함께 수많은 길을 걸었다. 그 여정 속에서 우리는 서로를 더 깊이 이해하게 되었다. 아이는 엄마와의 관계 안에서 신뢰를 배웠다. 자신을 사랑하고, 세상을 향해 자신 생각을 당당히 말할 줄 아는 아이로 자랐다. 그 모습을 보며 나는 조금씩 안심할 수 있게 되었다.

여행은 질문의 방향을 조금씩 바꿔주었다. '공부 잘하게 키우는 것'이 아니라 '사람답게 살아가는 법을 아는 아이'로 키우고 싶다는 마음이 들기 시작했다.

정원이는 모르는 사람에게 먼저 인사하고 다가가는 방법을 배웠다. 낯선 언어에 귀 기울이고, 다름을 자연스럽게 받아들였다. 작은 배려에 기뻐하고 감사할 줄 아는 사람이 되어갔다.

수학 문제 잘 푸는 것보다, 지도 보고 낯선 길 찾아가는 아이가 더 대견했다. 사람들의 표정과 이야기를 듣고 관찰하며 공감할 줄 아는 따뜻함을 칭찬했다. 자신이 원하는 것을 정확하게 표현하는 아이의 눈빛을 보며 느꼈다. '공부보다 중요한 걸 배우고 있구나.'

우리가 생각하는 '성장'은 꼭 학교 교실 안 책상 위에서만 이뤄지지 않는다. 시험 성적이 인생을 말해주지 않는다. 여행은 아이가 '삶'을 연습하게 해 준다. 사람을 대하고, 공간을 느끼고, 낯선 상황에서 나를 지키고, 타인을 배려하는 법을 배운다.

길 위에서 만난 낯선 상황들은 아이에게도 나에게도 예상하지 못했던 질문을 던졌다. 그 질문 앞에서 우리는 각자의 방식으로 답을 찾았고 그 과정이 바로 '성장'이었다. 그래서 나는 확신할 수 있다. 지금 행복하게 잘 살아가고 있는 아이의 모습을 보며 우리가 함께한 이 여행이 결코 틀리지 않았다고. 아이는 이제 스스로 삶을 살아가기 시작했고 나는 더 이상 그 여정에 이정표를 세워주지 않아도 된다.

  엄마인 나 역시 우리의 여정을 통해 아이를 '키우는 법'이 아닌 아이를 '이해하는 법'을 배웠다. 아이를 있는 그대로 받아들이는 연습, 내 방식이 정답이 아닐 수 있다는 깨달음, 그리고 아이만큼 나 자신도 성장하고 있다는 자각. 이 모든 것이 '여행'이라는 작은 틈 안에서 이루어졌다.

  아이를 잘 키운다는 건 공부를 잘하게 만드는 게 아니라 세상을 만날 줄 아는 사람으로 만드는 일이라는 것을 이제 알게 되었다. 완벽한 엄마가 되려고 혼자 너무 애쓰지 않아도 된다. 엄마가 모든 걸 다 해내야 한다는 부담을 내려놓았다. 좋은 엄마란 모든 걸 해내는 사람이 아니라, 매일 최선을 다해 아이 곁에 머무는 사람이다. 불완전한 모습 그대로 아이는 엄마를 사랑한다. 그러니 우리도 스스로 조금 더 사랑하면 된다.

  불안하고 두려웠지만 멈추지 않았다. 아이와 함께 낯선 길을 걸었다. 정해진 답은 없지만, 함께 걸으며 신뢰를 쌓았다. 이러한 시간과 과정들이 아이를 성장시키고, 우리를 더 단단하게 만들었다.
  아이만 키우지 않고 나 자신도 키웠다. 나를 들여다보고, 내가 좋아하는 것, 내가 꿈꾸던 삶을 떠올리며 잊지 않으려고 했다. 아이에게도 꿈꾸는 엄마의 모습은 좋은 교과서였다. 그리고 마지막으로, 너무 걱정하지 않기로 했다. 아이도 우리도 이미 충분히 잘하고 있다고 믿는다. 그러니 이제는 스스로에게 말한다.

'나, 잘하고 있어. 나는 좋은 엄마야.'

아이 곁에 있는 나는, 그저 묵묵히 그 길을 함께 걸어주기만 해도 충분히 '좋은 엄마'라는 것을.